Thailandske Smagsnuancer
En Kulinarisk Rejse til Det Eksotiske Øst

Nanna Sørensen

Abstrakt

Rejer med litchisauce 10
Rejer stuvet med mandarin 11
Rejer med hakket sauce 12
Rejer med kinesiske svampe 13
Rejer og stegte ærter 14
Rejer med mangochutney 15
Stegte rejefrikadeller med løgsauce 16
Mandarinrejer med ærter 17
Peking rejer 18
Rejer med paprika 19
Stegte rejer med svinekød 20
Stegte jumborejer med sherrysauce 21
rejer stuvet i sesam 22
Stegte rejer med skal 23
Stegte rejer 24
rejer tempura 25
under dækket 25
Rejer med tofu 26
Rejer med tomat 27
Rejer i tomatsauce 28
Rejer i tomat og chilisauce 29
Rejer stuvet i tomatsauce 30
Rejer med grøntsager 31
Rejer med vandkastanjer 32
rejeravioli 33
abalone med kylling 34
Abalone med asparges 35
Abalone svamp 36
Abalone med østerssauce 37
dampede muslinger 38
Muslinger med bønnespirer 39
Muslinger med ingefær og hvidløg 40

stuvede muslinger 41
krabbekage 42
krabbecreme 43
kød af kinesiske krabber med blade 44
Foo Yung krabbe med bønnespirer 45
ingefær rejer 46
Krabbe Lo Mein 47
Stegt krabbe med svinekød 48
Stegt krabbekød 49
Stegte blækspruttebøller 50
Kantonesisk hummer 51
stegt hummer 52
Dampet hummer med skinke 53
Hummer med svampe 54
Hummerhaler med svinekød 55
stuvet hummer 56
hummerrede 58
Muslinger i sort bønnesauce 59
Muslinger med ingefær 60
dampede muslinger 61
stegte østers 61
Østers med bacon 62
Østers stegt med ingefær 63
Østers i sort bønnesauce 64
Kammuslinger med bambusskud 65
Pilgrimme med æg 66
Kammuslinger med broccoli 67
ingefær pilgrimme 69
kammuslinger med skinke 70
Røræg med kammuslinger og krydderurter 71
Kammuslinger og stuvede løg 72
Grøntsagspilgrimme 73
Paprika pilgrimme 74
Blæksprutte med bønnespirer 75
stegt calamari 76
pakning blæksprutte 77

Stegte blæksprutteruller 78
stegt calamari 80
Blæksprutte med tørrede svampe 80
Blæksprutte med grøntsager 81
Oksegryderet med anis 82
Kalvekød med asparges 83
Oksekød med bambusskud 84
Oksekød med bambusskud og svampe 85
Kinesisk braiseret oksekød 86
Oksekød med bønnespirer 87
Oksekød med broccoli 88
Sesambøf med broccoli 89
Grillet kød 91
Kantonesisk kød 92
Oksekød med gulerødder 93
Oksekød med cashewnødder 94
Slow cooker oksekød 94
Oksekød med blomkål 95
Kalvekød med selleri 96
Oksekødsskiver stegt med selleri 97
Kalvekød skåret i skiver med kylling og selleri 98
chili kød 100
kinakål oksekød 101
Kalvekød Chop Suey 102
agurk oksekød 103
kød mad mein 104
bagt agurk 106
Bagt oksekarry 107
surt øre 108
Stuvning fra bambusskud 110
Kylling med agurker 111
Kylling med sesam 112
det ligner ingefær 113
Røde kogte kyllingevinger 114
Krabbekød af agurk 115
marinerede svampe 116

Marinerede hvidløgssvampe 117
Rejer og blomkål 118
Skinkestave med sesam 119
kold tofu 120
Kylling med bacon 121
Pommes frites med kylling og banan 122
Kylling med ingefær og svampe 123
kylling og skinke 125
Grillet kyllingelever 126
Krabbeboller med vandkastanjer 127
dim sum 128
Skinke og kyllingeruller 129
Bagte skinkeringe 131
pseudo røget fisk 132
kogte svampe 134
Svampe i østerssauce 135
Svineruller og salat 136
Svineboller og kastanjer 138
Svineboller 139
Svine- og oksekager 140
sommerfugle rejer 141
kinesiske rejer 142
dragesky 143
sprøde rejer 144
Rejer med ingefærsauce 145
Rejer og nudelruller 146
rejetoast 148
Svinekød og rejer wonton med sød og sur sauce 149
Hønsekødssuppe 151
Svinekød og bønnespiresuppe 152
Abalone og svampesuppe 153
Kylling og asparges suppe 155
Bouillon 156
Kinesisk oksekød og bladsuppe 157
Kålsuppe 158
Krydret oksekødsuppe 159

himmelsk suppe 161
Kylling og bambusskudsuppe 162
Kylling og majssuppe 163
Kylling og ingefær suppe 164
Kinesisk kyllingesuppe med svampe 165
Kylling og rissuppe 166
Kylling og kokossuppe 167
Muslingesuppe 168
æggesuppe 169
Krabbe og kammusling suppe 170
krabbesuppe 172
fiske suppe 173
Fiskesuppe og salat 174
Ingefærsuppe med frikadeller 176
varm og sur suppe 177
Svampesuppe 178
Svampe- og kålsuppe 179
Svampeæggesuppe 180
Svampe- og kastanjesuppe med vand 181
Svinekød og svampesuppe 182
Svinekød og brøndkarse suppe 183
Svinekød og agurkesuppe 184
Suppe med kødnudler 185
Spinat og tofu suppe 186
Suppe med sukkermajs og krabbe 187
Szechuan suppe 188
tofu suppe 190
Fisk og tofu suppe 191
Tomatsuppe 192
Tomat og spinatsuppe 193
roe suppe 194
Suppe 195
vegetarsuppe 196
brøndkarse suppe 197
Stegt fisk med grøntsager 198
Bagt hel fisk 200

Stuvet sojafisk *201*
Sojafisk i østerssauce *202*
dampet havaborre *204*
Stuvet fisk med svampe *205*
sød og sur fisk *207*
Fyldt svinefisk *209*
Braiseret krydret karper *211*

Rejer med litchisauce

Til 4 personer

50 g / 2 oz / ¬Ω en kop (så)

Mel

2,5 ml/¬Ω teskefuld salt

1 æg, let pisket

30 ml / 2 spsk vand

450 g pillede rejer

olie til stegning

30 ml / 2 spsk jordnøddeolie (peanuts).

2 skiver hakket ingefær

30 ml / 2 spiseskefulde eddike

5 ml / 1 tsk sukker

2,5 ml/¬Ω teskefuld salt

15 ml / 1 spsk sojasovs

200 g litchi på dåse, drænet

Bland mel, salt, æg og vand til du får en dej, tilsæt eventuelt lidt vand. Vend med rejer, indtil de er godt dækket. Varm olien op og steg rejerne i et par minutter, indtil de bliver gyldenbrune og sprøde. Afdryp på køkkenrulle og kom i en varm skål. Varm imens olien op og svits ingefæren i 1 minut. Tilsæt eddike, sukker, salt og soja. Tilsæt litchi og vend indtil den er varm og dækket af sauce. Hæld rejerne over og server med det samme.

Rejer stuvet med mandarin

Til 4 personer

60 ml / 4 spiseskefulde jordnøddeolie (peanuts).
1 fed hvidløg, knust
1 skive ingefær, finthakket
450 g pillede rejer
30 ml / 2 spsk risvin eller tør sherry 30 ml / 2 spsk sojasovs
15 ml / 1 spsk majsmel (majsstivelse)
45 ml / 3 spsk vand

Varm olien op og svits hvidløg og ingefær til de er gyldenbrune. Tilsæt rejerne og sauter i 1 minut. Tilsæt vin eller sherry og bland godt. Tilsæt sojasovs, majsstivelse og vand og lad det simre i 2 minutter.

Rejer med hakket sauce

Til 4 personer

5 tørrede kinesiske svampe

225 g bønnespirer

60 ml / 4 spiseskefulde jordnøddeolie (peanuts).

5 ml / 1 tsk salt

2 selleristængler, hakket

4 forårsløg (grønne løg), hakket

2 fed hvidløg, hakket

2 skiver hakket ingefær

60 ml / 4 spiseskefulde vand

15 ml / 1 spsk sojasovs

15 ml / 1 spsk risvin eller tør sherry

225 g / 8 oz Mange-tout (ærter)

225 g pillede rejer

15 ml / 1 spsk majsmel (majsstivelse)

Udblød svampene i lunkent vand i 30 minutter, og dræn derefter. Fjern stilkene og skær toppen af. Blancher bønnespirerne i kogende vand i 5 minutter og dræn godt af. Varm halvdelen af olien op og svits salt, selleri, forårsløg og bønnespirer i 1 minut, og tag derefter af panden. Opvarm den resterende olie og svits hvidløg og ingefær gyldenbrune. Tilsæt halvdelen af vandet, sojasovsen, vin eller sherry, ærter og rejer, bring det i kog og kog i 3 minutter. Bland majsstivelsen og det resterende vand til en pasta, bland i gryden og kog under omrøring, indtil saucen tykner. Kom grøntsagerne tilbage i gryden, lad det simre til de er gennemvarme. Server straks.

Rejer med kinesiske svampe

Til 4 personer

8 tørrede kinesiske svampe
45 ml / 3 spiseskefulde jordnøddeolie.
3 skiver hakket ingefærrod
450 g pillede rejer
15 ml / 1 spsk sojasovs
5 ml / 1 tsk salt
60 ml / 4 spiseskefulde fiskefond

Udblød svampene i lunkent vand i 30 minutter, og dræn derefter. Fjern stilkene og skær toppen af. Varm halvdelen af olien op og svits ingefæren gyldenbrun. Tilsæt rejer, sojasovs og salt og sauter, indtil de er dækket af olie, og tag derefter af panden. Varm den resterende olie op og svits svampene, indtil de er dækket af olie. Tilsæt suppen, bring det i kog, læg låg på og kog i 3 minutter. Kom rejerne tilbage i gryden og rør, indtil de er gennemvarme.

Rejer og stegte ærter

Til 4 personer

450 g pillede rejer

5 ml / 1 tsk sesamolie

5 ml / 1 tsk salt

30 ml / 2 spsk jordnøddeolie (peanuts).

1 fed hvidløg, knust

1 skive ingefær, finthakket

225 g frosne eller blancherede ærter, optøet

4 forårsløg (grønne løg), hakket

30 ml / 2 spsk vand

salt og peber

Hæld sesamolie og salt over rejerne. Varm olien op og svits hvidløg og ingefær i 1 minut. Tilsæt rejerne og svits dem i 2 minutter. Tilsæt ærter og sauter i 1 minut. Tilsæt forårsløg og vand og smag til med salt og peber og eventuelt lidt mere sesamolie. Genopvarm under forsigtig omrøring inden servering.

Rejer med mangochutney

Til 4 personer

12 rejer

salt og peber

saft af 1 citron

30 ml / 2 spsk majsmel (majsstivelse)

1 mango

5 ml / 1 tsk sennepspulver

5 ml / 1 tsk honning

30 ml / 2 spsk kokoscreme

30 ml / 2 spsk mild karrypulver

120 ml / 4 fl oz / ¬Ω kop kyllingebouillon

45 ml / 3 spiseskefulde jordnøddeolie.

2 fed hvidløg, hakket

2 forårsløg (grønne løg), hakket

1 fennikel, finthakket

100 g mango ajvar

Pil rejerne, og lad halerne være intakte. Drys med salt, peber og citronsaft, og dæk derefter med halvdelen af majsstivelsen. Skræl mangoen, skær kødet fra benet, og skær derefter kødet i tern. Bland sennep, honning, kokoscreme, karrypulver, resterende majsstivelse og bouillon. Varm halvdelen af olien op og svits hvidløg, forårsløg og fennikel i 2 minutter. Tilsæt bouillon, bring det i kog og kog i 1 minut. Tilsæt mangoterningerne og den varme sauce og varm op ved svag varme, og overfør derefter til en varm serveringsplade. Varm resten af olien op og svits rejerne i 2 minutter. Tilsæt grøntsager og server med det samme.

Stegte rejefrikadeller med løgsauce

Til 4 personer

3 æg, let pisket

45 ml / 3 spiseskefulde mel (til alle formål).

salt og friskkværnet peber

450 g pillede rejer

olie til stegning

15 ml / 1 spsk jordnøddeolie.

2 løg hakket

15 ml / 1 spsk majsmel (majsstivelse)
30 ml / 2 spsk sojasovs
175 ml / 6 fl oz / ¬æ kop vand

Bland æg, mel, salt og peber. Dyp rejerne i dejen. Varm olien op og steg rejerne til de er gyldenbrune. Varm imens olien op og svits løget i 1 minut. Bland de øvrige ingredienser, indtil der opnås en pasta, tilsæt løget og kog under omrøring, indtil saucen tykner. Dræn rejerne og kom dem i en varm skål. Hæld saucen over og server med det samme.

Mandarinrejer med ærter

Til 4 personer

60 ml / 4 spiseskefulde jordnøddeolie (peanuts).
1 fed hvidløg, hakket
1 skive ingefær, finthakket
450 g pillede rejer
30 ml / 2 spsk risvin eller tør sherry
225 g frosne ærter, optøet
30 ml / 2 spsk sojasovs
15 ml / 1 spsk majsmel (majsstivelse)

45 ml / 3 spsk vand

Varm olien op og svits hvidløg og ingefær til de er gyldenbrune. Tilsæt rejerne og sauter i 1 minut. Tilsæt vin eller sherry og bland godt. Tilsæt ærterne og lad det simre i 5 minutter. Tilsæt de øvrige ingredienser og lad det simre i 2 minutter.

Peking rejer

Til 4 personer

30 ml / 2 spsk jordnøddeolie (peanuts).

2 fed hvidløg, hakket

1 skive ingefær, finthakket

225 g pillede rejer

4 forårsløg (spidskål), skåret i tykke skiver

120 ml / 4 fl oz / ¬Ω kop kyllingebouillon

5 ml / 1 ske. brunt sukker

5 ml / 1 tsk sojasovs

5 ml / 1 ske. hoisinsauce

5 ml / 1 tsk Tabasco sauce

Varm olien op med hvidløg og ingefær og svits indtil hvidløget er let brunet. Tilsæt rejerne og sauter i 1 minut. Tilsæt purløg og svits i 1 minut. Tilsæt de øvrige ingredienser, bring det i kog, dæk til og kog i 4 minutter under omrøring af og til. Tjek krydderiet og tilsæt lidt mere Tabasco, hvis du har lyst.

Rejer med paprika

Til 4 personer

30 ml / 2 spsk jordnøddeolie (peanuts).

1 grøn peberfrugt, skåret i stykker

450 g pillede rejer

10 ml / 2 tsk majsmel (majsstivelse)

60 ml / 4 spiseskefulde vand

5 ml / 1 tsk risvin eller tør sherry

2,5 ml/¬Ω teskefuld salt

45 ml / 2 spiseskefulde tomatpure (pasta)

Varm olien op og svits peberfrugterne i 2 minutter. Tilsæt rejer og tomatpuré og bland godt. Bland majsmelsvand, vin eller sherry og salt til en pasta, rør i gryden og kog under omrøring, indtil saucen er klar og tyknet.

Stegte rejer med svinekød

Til 4 personer

225 g pillede rejer

100 g magert svinekød, hakket

60 ml / 4 spsk risvin eller tør sherry

1 æggehvide

45 ml / 3 spsk majsmel (majsstivelse)

5 ml / 1 tsk salt

15 ml / 1 spiseskefuld vand (valgfrit)

90 ml / 6 spiseskefulde jordnøddeolie.

45 ml / 3 spsk fiskefond

5 ml / 1 tsk sesamolie

Læg rejer og svinekød i separate skåle. Bland 45 ml / 3 spsk vin eller sherry, æggehvide, 30 ml / 2 spsk majsstivelse og salt til du får en jævn blanding, tilsæt vand evt. Fordel blandingen mellem svinekød og rejer og vend det godt rundt. Varm olien op og steg svinekød og rejer i et par minutter, indtil de er gyldenbrune. Fjern fra gryden og hæld alt på nær 15 ml / 1 spsk olie. Tilsæt suppen til gryden med den resterende vin eller sherry og majsstivelsen.

Bring i kog og kog under omrøring, indtil saucen tykner. Top med rejer og svinekød og server overhældt med sesamolie.

Stegte jumborejer med sherrysauce

Til 4 personer

50 g / 2 oz / ¬Ω kop universalmel.

2,5 ml/¬Ω teskefuld salt

1 æg, let pisket

30 ml / 2 spsk vand

450 g pillede rejer

olie til stegning

15 ml / 1 spsk jordnøddeolie.

1 løg finthakket

45 ml / 3 spsk risvin eller tør sherry

15 ml / 1 spsk sojasovs

120 ml / 4 fl oz / ¬Ω kop fiskefond

10 ml / 2 tsk majsmel (majsstivelse)

30 ml / 2 spsk vand

Bland mel, salt, æg og vand til du får en dej, tilsæt eventuelt lidt vand. Vend med rejer, indtil de er godt dækket. Varm olien op og steg rejerne i et par minutter, indtil de bliver gyldenbrune og sprøde. Afdryp på køkkenrulle og kom i en varm skål. Varm i mellemtiden olien op og svits løget, indtil det er blødt. Tilsæt vin eller sherry, sojasovs og bouillon, bring det i kog og kog i 4 minutter. Bland majsmel og vand i, indtil der dannes en pasta, bland i gryden og lad det simre under omrøring, indtil saucen bliver klar og tykner.

rejer stuvet i sesam

Til 4 personer

450 g pillede rejer

¬Ω æggehvide

5 ml / 1 tsk sojasovs

5 ml / 1 tsk sesamolie

50 g / 2 oz / ¬Ω kop majsmel (majsstivelse)

salt og friskkværnet hvid peber

olie til stegning

60 ml / 4 spiseskefulde sesamfrø

salatblade

Bland rejerne med æggehvider, soja, sesamolie, majsstivelse, salt og peber. Tilsæt lidt vand, hvis blandingen er for tyk. Varm olien op og steg rejerne i et par minutter, til de er let gyldne. Rist i mellemtiden sesamfrøene kort på en tør pande, indtil de bliver gyldenbrune. Dræn rejerne og bland med sesam. Server på en salatbund.

Stegte rejer med skal

Til 4 personer

60 ml / 4 spiseskefulde jordnøddeolie (peanuts).

750 g / 1¬Ω lb pillede rejer

3 forårsløg (spidskål), hakket

3 skiver hakket ingefærrod

2,5 ml/¬Ω teskefuld salt

15 ml / 1 spsk risvin eller tør sherry

120 ml / 4 fl oz / ¬Ω kop ketchup (ketchup)

15 ml / 1 spsk sojasovs

15 ml / 1 spsk sukker

15 ml / 1 spsk majsmel (majsstivelse)

60 ml / 4 spiseskefulde vand

Varm olien op og steg rejerne i 1 minut, hvis de er kogte, eller indtil de er gyldenbrune, hvis de er rå. Tilsæt forårsløg, ingefær, salt og vin eller sherry og svits i 1 minut. Tilsæt ketchup, soja og sukker og lad det simre i 1 minut. Bland majsstivelse og vand, hæld i gryden og kog under omrøring, indtil saucen lysner og tykner.

Stegte rejer

Til 4 personer

75 g / 3 oz / rug ¬ kop majsmel (majsstivelse)

1 æggehvide

5 ml / 1 tsk risvin eller tør sherry

Salt

350 g pillede rejer

olie til stegning

Bland majsstivelse, æggehvider, vin eller sherry og en knivspids salt til en tyk pasta. Dyp rejerne i dejen, indtil de er godt dækket. Varm olien op og steg rejerne i et par minutter, indtil de er gyldenbrune. Fjern fra olien, varm op til de er varme, og svits derefter rejerne, indtil de er sprøde og gyldenbrune.

rejer tempura

Til 4 personer

450 g pillede rejer

30 ml / 2 spsk mel (til alle formål).

30 ml / 2 spsk majsmel (majsstivelse)

30 ml / 2 spsk vand

2 sammenpisket æg

olie til stegning

Skær rejerne i halve inde i kurven og åbn dem til en sommerfugl. Bland mel, majsstivelse og vand, indtil du har en dej, og tilsæt derefter æggene. Varm olien op og steg rejerne til de er gyldenbrune.

under dækket

Til 4 personer

30 ml / 2 spsk jordnøddeolie (peanuts).

2 forårsløg (grønne løg), hakket

1 fed hvidløg, knust

1 skive ingefær, finthakket

100 g kyllingebryst, skåret i strimler

100 g skinke skåret i strimler

100 g bambusskud, skåret i strimler

100 g vandkastanje skåret i strimler

225 g pillede rejer

30 ml / 2 spsk sojasovs

30 ml / 2 spsk risvin eller tør sherry

5 ml / 1 tsk salt

5 ml / 1 tsk sukker

5 ml / 1 tsk majsmel (majsstivelse)

Varm olien op og svits forårsløg, hvidløg og ingefær gyldenbrune. Tilsæt kyllingen og svits i 1 minut. Tilsæt skinke, bambusskud og vandkastanjer og sauter i 3 minutter. Tilsæt rejerne og sauter i 1 minut. Tilsæt sojasovs, vin eller sherry, salt og sukker og steg i 2 minutter. Bland majsstivelsen med lidt vand, hæld den i gryden og kog ved svag varme under omrøring i 2 minutter.

Rejer med tofu

Til 4 personer

45 ml / 3 spiseskefulde jordnøddeolie.

225 g tofu i tern

1 forårsløg (grønløg), hakket

1 fed hvidløg, knust

15 ml / 1 spsk sojasovs

5 ml / 1 tsk sukker

90 ml / 6 spiseskefulde fiskefond

225 g pillede rejer

15 ml / 1 spsk majsmel (majsstivelse)

45 ml / 3 spsk vand

Varm halvdelen af olien op og steg tofuen, indtil den er let brunet, og tag den derefter af panden. Varm den resterende olie op og svits forårsløg og hvidløg til de er gyldenbrune. Tilsæt soja, sukker og bouillon og lad det koge ind. Tilsæt rejerne og rør ved svag varme i 3 minutter. Bland majsmel og vand til en pasta, rør i gryden og kog under omrøring, indtil saucen tykner. Kom tofuen tilbage i gryden og sauter, indtil den er gennemvarme.

Rejer med tomat

Til 4 personer

2 æggehvider

30 ml / 2 spsk majsmel (majsstivelse)

5 ml / 1 tsk salt

450 g pillede rejer

olie til stegning

30 ml / 2 spsk risvin eller tør sherry

225 g flåede, udstenede og hakkede tomater

Bland æggehvider, majsstivelse og salt. Tilsæt rejer, indtil de er godt dækket. Varm olien op og steg rejerne til de er kogte. Hæld alt undtagen 15 ml/1 spsk olie i og varm op. Tilsæt vin eller sherry og tomater og bring det i kog. Tilsæt rejerne og varm hurtigt op inden servering.

Rejer i tomatsauce

Til 4 personer

30 ml / 2 spsk jordnøddeolie (peanuts).

1 fed hvidløg, knust

2 skiver hakket ingefær

2,5 ml/¬Ω teskefuld salt

15 ml / 1 spsk risvin eller tør sherry

15 ml / 1 spsk sojasovs

6 ml / 4 spiseskefulde ketchup (ketchup)

120 ml / 4 fl oz / ¬Ω kop fiskefond

350 g pillede rejer

10 ml / 2 tsk majsmel (majsstivelse)

30 ml / 2 spsk vand

Varm olien op og svits hvidløg, ingefær og salt i 2 minutter. Tilsæt vin eller sherry, sojasovs, ketchup og bouillon og bring det i kog. Tilsæt rejerne, læg låg på og kog i 2 minutter. Bland majsmel og vand til en pasta, hæld i gryden og kog under omrøring, indtil saucen bliver klar og tykner.

Rejer i tomat og chilisauce

Til 4 personer

60 ml / 4 spiseskefulde jordnøddeolie (peanuts).

15 ml / 1 spsk finthakket ingefær

15 ml / 1 spsk finthakket hvidløg

15 ml / 1 spsk hakket purløg

60 ml / 4 spiseskefulde tomatpure (pasta)

15 ml / 1 spsk varm sauce

450 g pillede rejer

15 ml / 1 spsk majsmel (majsstivelse)

15 ml / 1 spsk vand

Varm olien op og svits ingefær, hvidløg og forårsløg i 1 minut. Tilsæt tomatpuré og varm sauce og bland godt. Tilsæt rejerne og svits dem i 2 minutter. Bland majsmel og vand til en jævn blanding, rør i gryden og lad det simre til saucen tykner. Server straks.

Rejer stuvet i tomatsauce

Til 4 personer

50 g / 2 oz / ¬Ω kop universalmel.

2,5 ml/¬Ω teskefuld salt

1 æg, let pisket

30 ml / 2 spsk vand

450 g pillede rejer

olie til stegning

30 ml / 2 spsk jordnøddeolie (peanuts).

1 løg finthakket

2 skiver hakket ingefær

75 ml / 5 spiseskefulde ketchup (ketchup)

10 ml / 2 tsk majsmel (majsstivelse)

30 ml / 2 spsk vand

Bland mel, salt, æg og vand til du får en dej, tilsæt eventuelt lidt vand. Vend med rejer, indtil de er godt dækket. Varm olien op og steg rejerne i et par minutter, indtil de bliver gyldenbrune og sprøde. Afdryp på køkkenrulle.

Varm imens olien op og svits løg og ingefær til det er blødt. Tilsæt ketchup og lad det simre i 3 minutter. Bland majsmel og vand til en pasta, rør i gryden og kog under omrøring, indtil saucen tykner. Læg rejerne i gryden og sauter indtil de er gennemvarme. Server straks.

Rejer med grøntsager

Til 4 personer

15 ml / 1 spsk jordnøddeolie.

225 g / 8 oz broccolibuketter

225 g svampe

225 g bambusskud, skåret i skiver

450 g pillede rejer

120 ml / 4 fl oz / ½ kop kyllingebouillon
5 ml / 1 tsk majsmel (majsstivelse)
5 ml / 1 tsk østerssauce
2,5 ml/½ teskefuld sukker
2,5 ml/½ teskefuld revet ingefærrod
en knivspids friskkværnet peber

Varm olien op og svits broccolien i 1 minut. Tilsæt champignon og bambusskud og svits i 2 minutter. Tilsæt rejerne og svits dem i 2 minutter. Bland de resterende ingredienser og tilsæt til rejeblandingen. Bring i kog under omrøring og kog i 1 minut under konstant omrøring.

Rejer med vandkastanjer

Til 4 personer

60 ml / 4 spiseskefulde jordnøddeolie (peanuts).
1 fed hvidløg, hakket
1 skive ingefær, finthakket
450 g pillede rejer

*30 ml / 2 spsk risvin eller tør sherry 225 g / 8 oz vandkastanjer,
skåret i skiver
30 ml / 2 spsk sojasovs
15 ml / 1 spsk majsmel (majsstivelse)
45 ml / 3 spsk vand*

Varm olien op og svits hvidløg og ingefær til de er gyldenbrune. Tilsæt rejerne og sauter i 1 minut. Tilsæt vin eller sherry og bland godt. Tilsæt vandkastanjerne og lad det simre i 5 minutter. Tilsæt de øvrige ingredienser og lad det simre i 2 minutter.

rejeravioli

Til 4 personer

*450 g afskallede rejer, hakket
225 g hakkede blandede grøntsager
15 ml / 1 spsk sojasovs
2,5 ml/¬Ω teskefuld salt
et par dråber sesamolie
40 wonton skind*

olie til stegning

Bland rejer, grøntsager, sojasovs, salt og sesamolie.

For at folde wontonen skal du holde skallen i venstre hånd og hælde lidt fyld i midten. Fugt kanterne med æg og fold skallen til en trekant, lim kanterne. Fugt hjørnerne med æg og rul sammen.

Varm olien op og steg et par wontons til de er gyldenbrune. Dræn godt af inden servering.

abalone med kylling

Til 4 personer

400 g dåse øre

30 ml / 2 spsk jordnøddeolie (peanuts).

100 g kyllingebryst, skåret i tern

100 g bambusskud, skåret i skiver

250 ml / 8 fl oz / 1 kop fiskefond

15 ml / 1 spsk risvin eller tør sherry

5 ml / 1 tsk sukker

2,5 ml/¬Ω teskefuld salt

15 ml / 1 spsk majsmel (majsstivelse)

45 ml / 3 spsk vand

Dræn og skær abalonen i skiver, gem saften. Varm olien op og steg kyllingen til den er gyldenbrun. Tilsæt abalonen og bambusskuddene og sauter i 1 minut. Tilsæt abalonevæsken, bouillon, vin eller sherry, sukker og salt, bring det i kog og kog i 2 minutter. Bland majsmel og vand til en pasta og kog under omrøring, indtil saucen lysner og tykner. Server straks.

Abalone med asparges

Til 4 personer

10 tørrede kinesiske svampe

30 ml / 2 spsk jordnøddeolie (peanuts).

15 ml / 1 spsk vand

225 g asparges

2,5 ml / ¬Ω teskefuld fiskesauce

15 ml / 1 spsk majsmel (majsstivelse)

225 g / 8 oz dåse abalone, skåret i skiver

60 ml / 4 spiseskefulde fond

¬Ω lille gulerod, skåret i skiver

5 ml / 1 tsk sojasovs

5 ml / 1 tsk østerssauce

5 ml / 1 tsk risvin eller tør sherry

Udblød svampene i lunkent vand i 30 minutter, og dræn derefter. Kassér stilkene. Opvarm 15 ml / 1 spsk olie med vand og steg svampekapslerne i 10 minutter. Kog imens asparges i kogende vand med fiskesauce og 1 spsk. tsk/5 ml majsstivelse, indtil den er blød. Lad dem dryppe godt af og stil dem et lunt sted med en svamp. Hold dem varme. Varm den resterende olie op og steg abalonen i et par sekunder, og tilsæt derefter bouillon, gulerødder, sojasauce, østerssauce, vin eller sherry og den resterende majsstivelse. Kog i cirka 5 minutter, indtil de er kogte, tilsæt derefter aspargesene og server.

Abalone svamp

Til 4 personer

6 tørrede kinesiske svampe

400 g dåse øre

45 ml / 3 spiseskefulde jordnøddeolie.

2,5 ml/¬Ω teskefuld salt

15 ml / 1 spsk risvin eller tør sherry

3 forårsløg (grønne løg) skåret i tykke skiver

Udblød svampene i lunkent vand i 30 minutter, og dræn derefter. Fjern stilkene og skær toppen af. Dræn og skær abalonen i skiver, gem saften. Varm olien op og svits salt og svampe i 2 minutter. Tilsæt abalonevæske og sherry, bring det i kog, læg låg på og lad det simre i 3 minutter. Tilsæt abalonen og spidskålen og svits indtil de er gennemvarme. Server straks.

Abalone med østerssauce

Til 4 personer

400 g dåse øre

15 ml / 1 spsk majsmel (majsstivelse)

15 ml / 1 spsk sojasovs

45 ml / 3 spiseskefulde østerssauce

30 ml / 2 spsk jordnøddeolie (peanuts).

50 g hakket prosciutto

Tøm dåsen med abalone og reserver 90 ml / 6 spsk af væsken. Bland det med majsstivelse, soja og østerssauce. Varm olien op og svits det drænede øre i 1 minut. Tilsæt sauceblandingen og kog under omrøring, indtil den er opvarmet, cirka 1 minut. Overfør til en varm skål og server toppet med skinke.

dampede muslinger

Til 4 personer

24 forme

Rens muslingerne godt og læg dem i blød i saltvand i flere timer. Skyl dem under rindende vand og kom dem i en dyb tallerken. Læg dem på en rist i en dampkoger, dæk til og damp i kogende vand i cirka 10 minutter, indtil alle muslinger har åbnet sig. Smid alt, der forbliver lukket. Server med saucer.

Muslinger med bønnespirer

Til 4 personer

24 forme

15 ml / 1 spsk jordnøddeolie.

150 g bønnespirer

1 grøn peberfrugt, skåret i strimler

2 forårsløg (grønne løg), hakket

15 ml / 1 spsk risvin eller tør sherry

salt og friskkværnet peber

2,5 ml / ¬Ω teskefuld sesamolie

50 g hakket prosciutto

Rens muslingerne godt og læg dem i blød i saltvand i flere timer. Skyl under rindende vand. Kog vand op, tilsæt muslinger og kog i et par minutter, indtil de åbner sig. Tøm og kassér alt, der forbliver lukket. Fjern muslingerne fra deres skaller.

Varm olien op og svits bønnespirerne i 1 minut. Tilsæt peber og forårsløg og svits i 2 minutter. Tilsæt vin eller sherry og smag til med salt og peber. Varm op, rør derefter muslingerne i og rør, indtil de er godt blandet og gennemvarmet. Overfør til en varm tallerken og server overhældt med sesamolie og skinke.

Muslinger med ingefær og hvidløg

Til 4 personer

24 forme

15 ml / 1 spsk jordnøddeolie.

2 skiver hakket ingefær

2 fed hvidløg, hakket

15 ml / 1 spsk vand

5 ml / 1 tsk sesamolie

salt og friskkværnet peber

Rens muslingerne godt og læg dem i blød i saltvand i flere timer. Skyl under rindende vand. Varm olien op og svits ingefær og hvidløg i 30 sekunder. Tilsæt muslingerne, vand og sesamolie, læg låg på og kog i cirka 5 minutter, indtil muslingerne åbner sig. Smid alt, der forbliver lukket. Krydr let med salt og peber og server med det samme.

stuvede muslinger

Til 4 personer

24 forme

60 ml / 4 spiseskefulde jordnøddeolie (peanuts).

4 fed hvidløg, hakket

1 hakket løg

2,5 ml/¬Ω teskefuld salt

Rens muslingerne godt og læg dem i blød i saltvand i flere timer. Skyl under rindende vand og tør derefter. Varm olien op og svits hvidløg, løg og salt til det er blødt. Tilsæt muslinger, læg låg på og lad det simre i cirka 5 minutter, indtil alle muslinger åbner sig. Smid alt, der forbliver lukket. Steg let i endnu et minut, overtræk med olie.

krabbekage

Til 4 personer

225 g bønnespirer

60 ml / 4 spsk jordnøddeolie 100 g / 4 oz bambusskud, skåret i strimler

1 hakket løg

225 g krabbekød, i flager

4 æg, let pisket

15 ml / 1 spsk majsmel (majsstivelse)

30 ml / 2 spsk sojasovs

salt og friskkværnet peber

Blancher bønnespirerne i kogende vand i 4 minutter og afdryp. Varm halvdelen af olien op og svits bønnespirer, bambusskud og løg til de er bløde. Fjern fra varmen og tilsæt alle andre ingredienser undtagen olie. Opvarm den resterende olie i en ren pande og steg krabbeblandingen med en ske for at lave cupcakes. Steg til de er gyldenbrune på begge sider, og server derefter med det samme.

krabbecreme

Til 4 personer

225 g krabbekød

5 sammenpisket æg

1 forårsløg (løg) finthakket

250 ml / 8 fluid ounces / 1 kop vand

5 ml / 1 tsk salt

5 ml / 1 tsk sesamolie

Bland alle ingredienserne godt sammen. Læg i en skål, dæk til og læg på en dampkoger over varmt vand eller på en rist på en dampkoger. Damp i ca. 35 minutter, indtil det er cremet, og rør af og til. Server med ris.

kød af kinesiske krabber med blade

Til 4 personer

450 g / 1 pund kinesiske blade, revet

45 ml / 3 spiseskefulde vegetabilsk olie

2 forårsløg (grønne løg), hakket

225 g krabbekød

15 ml / 1 spsk sojasovs

15 ml / 1 spsk risvin eller tør sherry

5 ml / 1 tsk salt

Blancher kinesiske blade i kogende vand i 2 minutter, dræn godt af og skyl i koldt vand. Varm olien op og svits forårsløget til det er gyldenbrunt. Tilsæt krabbekød og sauter i 2 minutter. Tilsæt kinesiske blade og sauter i 4 minutter. Tilsæt sojasovs, vin eller sherry og salt og bland godt. Tilsæt bouillon og majsstivelse, bring det i kog og kog under omrøring i 2 minutter, indtil saucen lysner og tykner.

Foo Yung krabbe med bønnespirer

Til 4 personer

6 sammenpisket æg

45 ml / 3 spsk majsmel (majsstivelse)

225 g krabbekød

100 g bønnespirer

2 unge løg (grønne løg), finthakket

2,5 ml/¬Ω teskefuld salt

45 ml / 3 spiseskefulde jordnøddeolie.

Pisk æggene og bland majsstivelsen i. Bland alle andre ingredienser undtagen olie. Varm olien op og hæld blandingen lidt efter lidt i gryden for at få små pandekager med en diameter på cirka 7,5 cm. Steg til de er gyldenbrune på undersiden, vend derefter og steg den anden side.

ingefær rejer

Til 4 personer

15 ml / 1 spsk jordnøddeolie.

2 skiver hakket ingefær

4 forårsløg (grønne løg), hakket

3 fed hvidløg, hakket

1 hakket rød peberfrugt

350 g krabbekød, i strimler

2,5 ml / ¬Ω teskefuld fiskepasta

2,5 ml / ¬Ω teskefuld sesamolie

15 ml / 1 spsk risvin eller tør sherry

5 ml / 1 tsk majsmel (majsstivelse)

15 ml / 1 spsk vand

Varm olien op og svits ingefær, forårsløg, hvidløg og chili i 2 minutter. Tilsæt krabbekødet og rør til det er godt dækket af krydderierne. Tilsæt fiskepastaen. Bland resten af ingredienserne til en pasta, hæld dem derefter i gryden og steg i 1 minut. Server straks.

Krabbe Lo Mein

Til 4 personer

100 g bønnespirer
30 ml / 2 spsk jordnøddeolie (peanuts).
5 ml / 1 tsk salt
1 løg, skåret i skiver
100 g champignon, skåret i skiver
225 g krabbekød, i flager
100 g bambusskud, skåret i skiver
Hævede nudler
30 ml / 2 spsk sojasovs
5 ml / 1 tsk sukker
5 ml / 1 tsk sesamolie
salt og friskkværnet peber

Blancher bønnespirerne i kogende vand i 5 minutter og afdryp. Varm olien op og svits salt og løg til det er blødt. Tilsæt svampe og svits indtil de er bløde. Tilsæt krabbekød og sauter i 2 minutter. Tilsæt bønnespirer og bambusskud og sauter i 1 minut. Tilsæt de afdryppede nudler til gryden og rør forsigtigt. Bland soja, sukker og sesamolie og smag til med salt og peber. Rør i gryden, indtil den er gennemvarmet.

Stegt krabbe med svinekød

Til 4 personer

30 ml / 2 spsk jordnøddeolie (peanuts).

100 g hakket svinekød (malet).

350 g krabbekød, i strimler

2 skiver hakket ingefær

2 æg, let pisket

15 ml / 1 spsk sojasovs

15 ml / 1 spsk risvin eller tør sherry

30 ml / 2 spsk vand

salt og friskkværnet peber

4 forårsløg (grønne løg), skåret i strimler

Varm olien op og steg svinekødet, indtil det er let brunet. Tilsæt krabbekød og ingefær og sauter i 1 minut. Bland æggene. Tilsæt sojasovs, vin eller sherry, vand, salt og peber og lad det simre under omrøring i cirka 4 minutter. Server pyntet med purløg.

Stegt krabbekød

Til 4 personer

30 ml / 2 spsk jordnøddeolie (peanuts).

450 g krabber, i ark

2 forårsløg (grønne løg), hakket

2 skiver hakket ingefær

30 ml / 2 spsk sojasovs

30 ml / 2 spsk risvin eller tør sherry

2,5 ml/¬Ω teskefuld salt

15 ml / 1 spsk majsmel (majsstivelse)

60 ml / 4 spiseskefulde vand

Varm olien op og svits krabbekød, forårsløg og ingefær i 1 minut. Tilsæt sojasovs, vin eller sherry og salt, læg låg på og lad det simre i 3 minutter. Bland majsmel og vand i, indtil der dannes en pasta, bland i gryden og lad det simre under omrøring, indtil saucen bliver klar og tykner.

Stegte blækspruttebolier

Til 4 personer

450 g blæksprutte

50 g hakket svinefedt

1 æggehvide

2,5 ml/¬Ω teskefuld sukker

2,5 ml/¬Ω teskefuld majsmel (majsstivelse)

salt og friskkværnet peber

olie til stegning

Rens blæksprutten og mal eller mos den til en frugtkød. Bland med spæk, æggehvidesne, sukker og majsstivelse og smag til med salt og peber. Tryk blandingen til kugler. Varm olien op og steg blæksprutkuglerne, gerne flere gange, til de flyder på olien og er gyldenbrune. Dræn godt af og server straks.

Kantonesisk hummer

Til 4 personer

2 hummere

30 ml / 2 spsk olie

15 ml / 1 spsk sort bønnesauce

1 fed hvidløg, knust

1 hakket løg

225 g hakket svinekød (malet).

45 ml / 3 spsk sojasovs

5 ml / 1 tsk sukker

salt og friskkværnet peber

15 ml / 1 spsk majsmel (majsstivelse)

75 ml / 5 spiseskefulde vand

1 sammenpisket æg

Riv hummeren, tag kødet ud og skær i 1-tommers terninger. Varm olien op og svits den sorte bønne, hvidløg og løgsauce til de er gyldenbrune. Tilsæt svinekødet og steg det gyldenbrunt. Tilsæt sojasovs, sukker, salt, peber og hummer, læg låg på og lad det simre i cirka 10 minutter. Bland majsmel og vand til en pasta, rør i gryden og kog under omrøring, indtil saucen bliver klar og tykner. Sluk for varmen og tilsæt ægget inden servering.

stegt hummer

Til 4 personer

450 g hummerkød

30 ml / 2 spsk sojasovs

5 ml / 1 tsk sukker

1 sammenpisket æg

30 ml / 3 spiseskefulde mel (til alle formål).

olie til stegning

Skær hummerkødet i 1-tommers tern og smag til med sojasauce og sukker. Lad det stå i 15 minutter og dryppe af. Pisk æg og mel, tilsæt derefter hummer og bland det godt sammen. Varm olien op og steg hummeren gyldenbrun. Afdryp på fedtsugende papir inden servering.

Dampet hummer med skinke

Til 4 personer

4 æg, let pisket

60 ml / 4 spiseskefulde vand

5 ml / 1 tsk salt

15 ml / 1 spsk sojasovs

450 g hummerkød, i flager

15 ml / 1 spiseskefuld hakket prosciutto

15 ml / 1 spsk hakket frisk persille

Pisk æggene med vand, salt og soja. Hæld i et slip-let fad og drys hummerkødet over. Stil skålen på risten i dampkogeren, dæk til og damp i 20 minutter, indtil æggene er stivnet. Server pyntet med skinke og persille.

Hummer med svampe

Til 4 personer

450 g hummerkød

15 ml / 1 spsk majsmel (majsstivelse)

60 ml / 4 spiseskefulde vand

30 ml / 2 spsk jordnøddeolie (peanuts).

4 forårsløg (spidskål), skåret i tykke skiver

100 g champignon, skåret i skiver

2,5 ml/¬Ω teskefuld salt

1 fed hvidløg, knust

30 ml / 2 spsk sojasovs

15 ml / 1 spsk risvin eller tør sherry

Skær hummerkødet i 2,5 cm tern. Bland majsmel og vand, indtil der dannes en pasta, og tilsæt hummerterningerne til blandingen for at dække dem. Varm halvdelen af olien op og steg hummerterningerne let brune, tag dem af panden. Varm den resterende olie op og steg forårsløget, indtil det er gyldenbrunt. Tilsæt svampene og svits dem i 3 minutter. Tilsæt salt, hvidløg, sojasovs og vin eller sherry og steg i 2 minutter. Kom hummeren tilbage i gryden og steg til den er gennemvarme.

Hummerhaler med svinekød

Til 4 personer

3 tørrede kinesiske svampe

4 hummerhaler

60 ml / 4 spiseskefulde jordnøddeolie (peanuts).

100 g hakket svinekød (malet).

50 g finthakkede vandkastanjer

salt og friskkværnet peber

2 fed hvidløg, hakket

45 ml / 3 spsk sojasovs

30 ml / 2 spsk risvin eller tør sherry

30 ml / 2 spsk sort bønnesauce

10 ml / 2 spsk majsmel (majsstivelse)

120 ml / 4 fl oz / ¬Ω kop vand

Udblød svampene i lunkent vand i 30 minutter, og dræn derefter. Fjern stilkene og hak kammuslingerne. Skær hummerhalerne i halve på langs. Fjern kødet fra hummerhalerne, gem skallerne. Varm halvdelen af olien op og steg svinekødet, indtil det er gyldenbrunt. Fjern fra varmen og tilsæt svampe, hummerkød, vandkastanjer, salt og peber. Luk kødet i hummerskallen og læg det på en tallerken. Læg på en rist i en dampkoger, dæk til og damp i ca. 20 minutter, indtil den er kogt. Opvarm imens den resterende olie og svits hvidløg, sojasauce, vin/sherry og sorte bønnesauce i 2 minutter. Bland majsmel og vand, indtil der dannes en pasta, bland i gryden og kog under omrøring, indtil saucen tykner. Læg hummeren i et varmt fad, hæld saucen over og server straks.

stuvet hummer

Til 4 personer

450 g / 1 lb hummerhaler

30 ml / 2 spsk jordnøddeolie (peanuts).

1 fed hvidløg, knust

2,5 ml/¬Ω teskefuld salt

350 g bønnespirer

50 g svampe

4 forårsløg (spidskål), skåret i tykke skiver

150 ml / ¬° pt / generøs ¬Ω kop hønsefond

15 ml / 1 spsk majsmel (majsstivelse)

Kog vand i en gryde, tilsæt hummerhaler og kog i 1 minut. Dræn, lad afkøle, fjern skindet og skær i tykkere skiver. Varm olien op med hvidløg og salt og svits indtil hvidløget er let brunet. Tilsæt hummeren og svits i 1 minut. Tilsæt bønnespirer og champignon og sauter i 1 minut. Tilsæt forårsløg. Tilsæt det meste af suppen, bring det i kog, læg låg på og kog i 3 minutter. Bland majsstivelsen med den resterende suppe, hæld i gryden og lad det simre under omrøring, indtil saucen bliver klar og tykner.

hummerrede

Til 4 personer

30 ml / 2 spsk jordnøddeolie (peanuts).

5 ml / 1 tsk salt

1 løg skåret i tynde skiver

100 g champignon, skåret i skiver

100 g bambusskud skåret i skiver 225 g kogt hummerkød

15 ml / 1 spsk risvin eller tør sherry

120 ml / 4 fl oz / ¬Ω kop kyllingebouillon

en knivspids friskkværnet peber

10 ml / 2 tsk majsmel (majsstivelse)

15 ml / 1 spsk vand

4 kurve nudler

Varm olien op og svits salt og løg til det er blødt. Tilsæt champignon og bambusskud og svits i 2 minutter. Tilsæt hummerkød, vin eller sherry og bouillon, bring det i kog, læg låg på og kog i 2 minutter. Smag til med peber. Bland majsmel og vand til en pasta, rør i gryden og kog under omrøring, indtil saucen tykner. Læg nudelrederne på en varm serveringsfad og pynt med stuvet hummer.

Muslinger i sort bønnesauce

Til 4 personer

45 ml / 3 spiseskefulde jordnøddeolie.
2 fed hvidløg, hakket
2 skiver hakket ingefær
30 ml / 2 spsk sort bønnesauce
15 ml / 1 spsk sojasovs
1,5 kg vaskede og skæggede muslinger
2 forårsløg (grønne løg), hakket

Varm olien op og svits hvidløg og ingefær i 30 sekunder. Tilsæt sorte bønnesauce og sojasauce og sauter i 10 sekunder. Tilsæt muslingerne, læg låg på og kog i ca. 6 minutter, indtil muslingerne åbner sig. Smid alt, der forbliver lukket. Overfør til en varm tallerken og server drysset med purløg.

Muslinger med ingefær

Til 4 personer

45 ml / 3 spiseskefulde jordnøddeolie.
2 fed hvidløg, hakket
4 skiver hakket ingefærrod
1,5 kg vaskede og skæggede muslinger
45 ml / 3 spsk vand
15 ml / 1 spsk østerssauce

Varm olien op og svits hvidløg og ingefær i 30 sekunder. Tilsæt muslingerne og vand, læg låg på og kog i ca. 6 minutter, indtil muslingerne åbner sig. Smid alt, der forbliver lukket. Overfør til et varmt serveringsfad og server toppet med østerssauce.

dampede muslinger

Til 4 personer

1,5 kg vaskede og skæggede muslinger
45 ml / 3 spsk sojasovs
3 forårsløg (grønne løg), finthakket

Læg muslingerne på en rist i en dampkoger, dæk til og kog i kogende vand i cirka 10 minutter, indtil alle muslinger har åbnet sig. Smid alt, der forbliver lukket. Overfør til et varmt serveringsfad og server drysset med soja og spidskål.

stegte østers

Til 4 personer

24 shucked østers

salt og friskkværnet peber

1 sammenpisket æg

50 g / 2 oz / ¬Ω kop universalmel.

250 ml / 8 fluid ounces / 1 kop vand

olie til stegning

4 forårsløg (grønne løg), hakket

Drys østersen med salt og peber. Pisk ægget med mel og vand, indtil du får en pasta, som du kan bruge til at overtrække østersene. Varm olien op og brun østersene. Afdryp på køkkenrulle og server pyntet med forårsløg.

Østers med bacon

Til 4 personer

175 g bacon

24 shucked østers

1 æg, let pisket

15 ml / 1 spsk vand

45 ml / 3 spiseskefulde jordnøddeolie.

2 løg hakket

15 ml / 1 spsk majsmel (majsstivelse)

15 ml / 1 spsk sojasovs

90 ml / 6 spsk hønsefond

Skær baconen i stykker og vikl et stykke om hver østers. Pisk ægget med vandet, og dyp derefter i østersene for at dække det. Varm halvdelen af olien op og steg østersene, indtil de er gyldenbrune på begge sider, og tag dem derefter af panden og dræn fedtet. Varm den resterende olie op og svits løget, indtil det er blødt. Bland majsstivelse, soja og bouillon til en pasta, hæld i gryden og kog under omrøring, indtil saucen bliver klar og tykner. Hæld østersene over og server med det samme.

Østers stegt med ingefær

Til 4 personer

24 shucked østers

2 skiver hakket ingefær

30 ml / 2 spsk sojasovs

15 ml / 1 spsk risvin eller tør sherry

4 forårsløg (grønne løg), skåret i strimler

100 g bacon

1 æg

50 g / 2 oz / ¬Ω kop universalmel.

salt og friskkværnet peber

olie til stegning

1 citron, skåret i skiver

Læg østersene i en skål med ingefær, sojasovs og vin eller sherry og bland godt. Lad det stå i 30 minutter. Læg et par strimler forårsløg på hver østers. Skær baconen i stykker og vikl et stykke om hver østers. Pisk æg og mel til en pasta og smag til med salt og peber. Dyp østersene i dejen, indtil de er godt dækket. Varm olien op og brun østersene. Serveres pyntet med citronskiver.

Østers i sort bønnesauce

Til 4 personer

350 g østers uden skal

120 ml / 4 fl oz / ¬Ω kop jordnøddeolie (peanut).

2 fed hvidløg, hakket

3 forårsløg (grønne løg), skåret i skiver

15 ml / 1 spsk sort bønnesauce

30 ml / 2 spsk mørk sojasovs

15 ml / 1 spsk sesamolie
en knivspids chilipulver

Blancher østersene i kogende vand i 30 sekunder og afdryp. Varm olien op og svits hvidløg og forårsløg i 30 sekunder. Tilsæt sorte bønnesauce, sojasauce, sesamolie og østers og smag til med chilipulver. Steg til det er varmt og server med det samme.

Kammuslinger med bambusskud

Til 4 personer

60 ml / 4 spiseskefulde jordnøddeolie (peanuts).
6 forårsløg (grønne løg), hakket
225 g champignon, skåret i kvarte
15 ml / 1 spsk sukker
450 g afskallede kammuslinger
2 skiver hakket ingefær
225 g bambusskud, skåret i skiver
salt og friskkværnet peber

300 ml / ½ pt / 1 ¼ kop vand

30 ml / 2 spiseskefulde eddike

30 ml / 2 spsk majsmel (majsstivelse)

150 ml / ¼ pt / stor ½ kop vand

45 ml / 3 spsk sojasovs

Varm olien op og svits forårsløg og champignon i 2 minutter. Tilsæt sukker, kammuslinger, ingefær, bambusskud, salt og peber, læg låg på og kog i 5 minutter. Tilsæt vand og eddike, bring i kog, læg låg på og kog i 5 minutter. Bland majsmel og vand til en pasta, rør i gryden og kog under omrøring, indtil saucen tykner. Hæld sojasovs over og server.

Pilgrimme med æg

Til 4 personer

45 ml / 3 spiseskefulde jordnøddeolie.

350 g rensede kammuslinger

25 g hakket prosciutto

30 ml / 2 spsk risvin eller tør sherry

5 ml / 1 tsk sukker

2,5 ml / ½ teskefuld salt

en knivspids friskkværnet peber

2 æg, let pisket

15 ml / 1 spsk sojasovs

Varm olien op og steg kammuslingerne i 30 sekunder. Tilsæt skinken og svits i 1 minut. Tilsæt vin eller sherry, sukker, salt og peber og lad det simre i 1 minut. Tilsæt æggene og rør forsigtigt ved høj varme, indtil ingredienserne er godt belagt med ægget. Server toppet med sojasovs.

Kammuslinger med broccoli

Til 4 personer

350 g snittede kammuslinger

3 skiver hakket ingefærrod

¬Ω lille gulerod, skåret i skiver

1 fed hvidløg, knust

45 ml / 3 spiseskefulde mel (til alle formål).

2,5 ml / ¬Ω teskefuld bagepulver (pulvergær)

30 ml / 2 spsk jordnøddeolie (peanuts).

15 ml / 1 spsk vand

1 banan, skåret i skiver

olie til stegning

275 g broccoli

Salt

5 ml / 1 tsk sesamolie

2,5 ml/¬Ω teskefuld varm sauce

2,5 ml / ¬Ω teskefuld eddike

2,5 ml / ¬Ω tsk tomatpuré √ © e (pasta)

Bland kammuslinger med ingefær, gulerod og hvidløg og lad det stå. Bland mel, bagepulver, 15 ml/1 spsk olie og vand til en dej og beklæd bananskiverne med det. Varm olien op og steg plantainen til den er gyldenbrun, afdryp og læg den på en varm pande. Kog imens broccolien i saltet kogende vand, indtil den er blød, og afdryp den. Varm den resterende olie op med sesamolie og svits kort broccolien, og fordel den derefter på pladen med plantain. Kom chilisauce, eddike og tomatpuré på panden og steg kammuslingerne til de er kogte.

ingefær pilgrimme

Til 4 personer

45 ml / 3 spiseskefulde jordnøddeolie.

2,5 ml/¬Ω teskefuld salt

3 skiver hakket ingefærrod

2 forårsløg (grønne løg) skåret i tykke skiver

450 g afskallede kammuslinger, skåret i halve

15 ml / 1 spsk majsmel (majsstivelse)

60 ml / 4 spiseskefulde vand

Varm olien op og svits salt og ingefær i 30 sekunder. Tilsæt purløg og svits indtil gyldenbrun. Tilsæt kammuslinger og svits i 3 minutter. Bland majsmel og vand til en pasta, tilsæt til gryden og kog ved svag varme under omrøring, indtil det tykner. Server straks.

kammuslinger med skinke

Til 4 personer

450 g afskallede kammuslinger, skåret i halve

250 ml / 8 fl oz / 1 kop risvin eller tør sherry

1 løg finthakket

2 skiver hakket ingefær

2,5 ml/¬Ω teskefuld salt

100 g hakket prosciutto

Læg kammuslingerne i en skål og tilsæt vin eller sherry. Dæk til og mariner i 30 minutter, vend af og til, dræn derefter kammuslingerne og kassér marinaden. Læg kammuslingerne i ovnfadet sammen med de øvrige ingredienser. Stil fadet på en rist i en dampkoger, dæk til og damp i kogende vand i cirka 6 minutter, indtil kammuslingerne er bløde.

Røræg med kammuslinger og krydderurter

Til 4 personer

225 g afskallede kammuslinger
30 ml / 2 spsk hakket frisk koriander
4 sammenpisket æg
15 ml / 1 spsk risvin eller tør sherry
salt og friskkværnet peber
15 ml / 1 spsk jordnøddeolie.

Læg kammuslingerne i en dampkoger og damp dem i cirka 3 minutter, til de er kogte, afhængig af størrelsen. Fjern fra dampkogeren og drys med koriander. Pisk æggene med vin eller sherry og smag til med salt og peber. Tilsæt kammuslinger og koriander. Varm olien op og steg blandingen af æg og muslinger under konstant omrøring, indtil æggene stivner. Server straks.

Kammuslinger og stuvede løg

Til 4 personer

45 ml / 3 spiseskefulde jordnøddeolie.
1 løg, skåret i skiver
450 g rensede kammuslinger, skåret i kvarte
salt og friskkværnet peber
15 ml / 1 spsk risvin eller tør sherry

Varm olien op og svits løget til det er blødt. Tilsæt kammuslinger og steg til de er gyldenbrune. Smag til med salt og peber, tilsæt vin eller sherry og server med det samme.

Grøntsagspilgrimme

Til 4 6 6 personer

4 tørrede kinesiske svampe

2 løg

30 ml / 2 spsk jordnøddeolie (peanuts).

3 selleristængler, skåret diagonalt

225 g grønne bønner skåret diagonalt

10 ml / 2 teskefulde revet ingefærrod

1 fed hvidløg, knust

20 ml / 4 teskefulde majsmel (majsstivelse)

250 ml / 8 fl oz / 1 kop kyllingebouillon

30 ml / 2 spsk risvin eller tør sherry

30 ml / 2 spsk sojasovs

450 g rensede kammuslinger, skåret i kvarte

6 forårsløg (grønne løg), skåret i skiver

425 g / 15 oz majskolber på dåse

Udblød svampene i lunkent vand i 30 minutter, og dræn derefter. Fjern stilkene og skær toppen af. Skær løget i skiver og adskil lagene. Varm olien op og svits løg, selleri, bønner, ingefær og hvidløg i 3 minutter. Bland majsstivelsen med lidt bouillon og tilsæt resten af bouillonen, vin eller sherry og sojasovs. Tilsæt til wokken og bring i kog under omrøring. Tilsæt svampe, kammuslinger, spidskål og majs og svits i cirka 5 minutter, indtil kammuslingerne er bløde.

Paprika pilgrimme

Til 4 personer

30 ml / 2 spsk jordnøddeolie (peanuts).

3 forårsløg (spidskål), hakket

1 fed hvidløg, knust

2 skiver hakket ingefær

2 røde peberfrugter i tern

450 g afskallede kammuslinger

30 ml / 2 spsk risvin eller tør sherry

15 ml / 1 spsk sojasovs

15 ml / 1 spsk gul bønnesauce

5 ml / 1 tsk sukker

5 ml / 1 tsk sesamolie

Varm olien op og svits forårsløg, hvidløg og ingefær i 30 sekunder. Tilsæt paprika og sauter i 1 minut. Tilsæt kammuslingerne og svits dem i 30 sekunder, tilsæt derefter resten af ingredienserne og kog i cirka 3 minutter, indtil kammuslingerne er bløde.

Blæksprutte med bønnespirer

Til 4 personer

450 g blæksprutte

30 ml / 2 spsk jordnøddeolie (peanuts).

15 ml / 1 spsk risvin eller tør sherry

100 g bønnespirer

15 ml / 1 spsk sojasovs

Salt

1 hakket rød peberfrugt

2 skiver hakket ingefær

2 forårsløg (grønne løg), hakket

Fjern hoved, indvolde og hinde fra blæksprutten og skær den i større stykker. Klip et gittermønster på hvert stykke. Bring vandet i kog i en gryde, tilsæt blæksprutten og kog over svag varme, indtil stykkerne skrumpner, drænes og dryppes af. Varm halvdelen af olien op og steg hurtigt blæksprutten. Afglasér med vin eller sherry. Varm imens den resterende olie op og steg bønnespirerne til de er bløde. Smag til med sojasovs og salt. Anret chili, ingefær og spidskål rundt om en tallerken. Læg bønnespirerne i midten, og blæksprutten ovenpå. Server straks.

stegt calamari

Til 4 personer

50 g glat mel (til alle formål).

25 g / 1 oz / ¼ kop majsmel (majsstivelse)

2,5 ml/¬Ω teskefuld bagepulver

2,5 ml/¬Ω teskefuld salt

1 æg

75 ml / 5 spiseskefulde vand

15 ml / 1 spsk jordnøddeolie.

450 g blæksprutte skåret i ringe

olie til stegning

Bland mel, majsstivelse, bagepulver, salt, æg, vand og olie i dejen. Dyp blæksprutten i dejen, indtil den er godt dækket. Varm olien op og steg blæksprutterne lidt efter lidt, til de er gyldenbrune. Afdryp på fedtsugende papir inden servering.

pakning blæksprutte

Til 4 personer

8 tørrede kinesiske svampe

450 g blæksprutte

100 g røget skinke

100 g tofu

1 sammenpisket æg

15 ml / 1 spiseskefuld mel (til alle formål).

2,5 ml/¬Ω teskefuld sukker

2,5 ml / ¬Ω teskefuld sesamolie

salt og friskkværnet peber

8 wonton skind

olie til stegning

Udblød svampene i lunkent vand i 30 minutter, og dræn derefter. Kassér stilkene. Rens blæksprutten og skær den i 8 stykker. Skær skinken og tofuen i 8 stykker. Kom dem alle i en skål. Bland ægget med mel, sukker, sesamolie, salt og peber. Hæld ingredienserne i beholderen og bland forsigtigt. Placer champignon og stykke blæksprutte, skinke og tofu lige under midten af hver wonton skorpe. Fold det nederste hjørne tilbage, fold siderne og rul op, fugt kanterne med vand for at forsegle. Varm olien op og steg frikadellerne i cirka 8 minutter, indtil de er gyldenbrune. Dræn godt af inden servering.

Stegte blæksprutteruller

Til 4 personer

45 ml / 3 spiseskefulde jordnøddeolie.
225 g blækspruttesskiver

1 stor grøn peberfrugt, skåret i tern

100 g bambusskud, skåret i skiver

2 unge løg (grønne løg), finthakket

1 skive ingefær, finthakket

45 ml / 2 spsk sojasovs

30 ml / 2 spsk risvin eller tør sherry

15 ml / 1 spsk majsmel (majsstivelse)

15 ml / 1 spsk fiskefond eller vand

5 ml / 1 tsk sukker

5 ml / 1 tsk eddike

5 ml / 1 tsk sesamolie

salt og friskkværnet peber

Varm 15 ml / 1 spsk olie op og steg hurtigt blæksprutterne til de er godt lukkede. Varm imens den resterende olie op i en separat gryde og svits peberfrugt, bambusskud, spidskål og ingefær i 2 minutter. Tilsæt blæksprutte og sauter i 1 minut. Bland sojasovs, vin eller sherry, majsstivelse, bouillon, sukker, eddike og sesamolie og smag til med salt og peber. Svits indtil saucen lysner og tykner.

stegt calamari

Til 4 personer

45 ml / 3 spiseskefulde jordnøddeolie.
3 forårsløg (grønne løg) skåret i tykke skiver
2 skiver hakket ingefær
450 g blæksprutte skåret i stykker
15 ml / 1 spsk sojasovs
15 ml / 1 spsk risvin eller tør sherry
5 ml / 1 tsk majsmel (majsstivelse)
15 ml / 1 spsk vand

Varm olien op og svits forårsløg og ingefær bløde. Tilsæt blæksprutten og steg til de er dækket af olie. Tilsæt sojasovs og vin eller sherry, læg låg på og lad det simre i 2 minutter. Bland majsmel og vand, indtil det danner en pasta, tilsæt det til gryden og kog ved svag varme under omrøring, indtil saucen tykner og blæksprutten er mør.

Blæksprutte med tørrede svampe

Til 4 personer

50 g tørre kinesiske svampe
450 g / 1 lb blækspruttteskiver
45 ml / 3 spiseskefulde jordnøddeolie.

45 ml / 3 spsk sojasovs
2 unge løg (grønne løg), finthakket
1 skive ingefær, finthakket
225 g bambusskud, skåret i strimler
30 ml / 2 spsk majsmel (majsstivelse)
150 ml / ¬° pt / god ¬Ω kop fiskefond

Udblød svampene i lunkent vand i 30 minutter, og dræn derefter. Fjern stilkene og skær toppen af. Blancher blæksprutten i et par sekunder i kogende vand. Varm olien op og tilsæt svampe, sojasovs, forårsløg og ingefær og svits i 2 minutter. Tilsæt blæksprutte og bambusskud og sauter i 2 minutter. Bland majsstivelse og bouillon og rør i gryden. Kog ved svag varme under omrøring, indtil saucen bliver klar og tykner.

Blæksprutte med grøntsager

Til 4 personer

45 ml / 3 spiseskefulde jordnøddeolie.
1 løg, skåret i skiver
5 ml / 1 tsk salt
450 g blæksprutte skåret i stykker

100 g bambusskud, skåret i skiver

2 selleristængler, skåret diagonalt

60 ml / 4 spsk hønsefond

5 ml / 1 tsk sukker

100 g ærter (ærter)

5 ml / 1 tsk majsmel (majsstivelse)

15 ml / 1 spsk vand

Varm olien op og svits løg og salt til de er gyldenbrune. Tilsæt blæksprutten og steg til de er dækket af olie. Tilsæt bambusskud og selleri og sauter i 3 minutter. Tilsæt bouillon og sukker, bring det i kog, læg låg på og kog i 3 minutter, indtil grøntsagerne er bløde. Tilsæt varm sauce. Bland majsmel og vand til en pasta, rør i gryden og kog under omrøring, indtil saucen tykner.

Oksegryderet med anis

Til 4 personer

30 ml / 2 spsk jordnøddeolie (peanuts).

450 g / 1 lb hakket oksekød

1 fed hvidløg, knust

45 ml / 3 spsk sojasovs

15 ml / 1 spsk vand

15 ml / 1 spsk risvin eller tør sherry

5 ml / 1 tsk salt

5 ml / 1 tsk sukker

2 bælg stjerneanis

Varm olien op og brun kødet på alle sider. Tilsæt de øvrige ingredienser, kog op, læg låg på og lad det simre i cirka 45 minutter, vend derefter kødet, tilsæt lidt vand og sojasovs, hvis kødet begynder at tørre ud. Kog i yderligere 45 minutter til kødet er mørt. Rør stjerneanis i inden servering.

Kalvekød med asparges

Til 4 personer

450 g kalvehale, skåret i tern

30 ml / 2 spsk sojasovs

30 ml / 2 spsk risvin eller tør sherry

45 ml / 3 spsk majsmel (majsstivelse)

45 ml / 3 spiseskefulde jordnøddeolie.

5 ml / 1 tsk salt

1 fed hvidløg, knust

350 g aspargesspidser

120 ml / 4 fl oz / ¬Ω kop kyllingebouillon

15 ml / 1 spsk sojasovs

Kom bøffen i en skål. Bland sojasovs, vin eller sherry og 30 ml / 2 spsk. majsstivelse, hæld over bøffen og bland godt. Lad marinere i 30 minutter. Varm olien op med salt og hvidløg og svits indtil hvidløget er let brunet. Tilsæt kødet og marinaden og lad det simre i 4 minutter. Tilsæt aspargesene og steg dem på panden i 2 minutter. Tilsæt suppen og sojasovsen, bring det i kog og kog under omrøring i 3 minutter, indtil kødet er gennemstegt. Bland resten af majsstivelsen med lidt mere vand eller bouillon og tilsæt saucen. Lad det simre under omrøring i et par minutter, indtil saucen lysner og tykner.

Oksekød med bambusskud

Til 4 personer

45 ml / 3 spiseskefulde jordnøddeolie.

1 fed hvidløg, knust

1 forårsløg (grønløg), hakket

1 skive ingefær, finthakket

225 g magert oksekød, skåret i strimler

100 g bambusskud

45 ml / 3 spsk sojasovs

15 ml / 1 spsk risvin eller tør sherry

5 ml / 1 tsk majsmel (majsstivelse)

Varm olien op og svits hvidløg, forårsløg og ingefær gyldenbrune. Tilsæt kødet og svits i 4 minutter, indtil det er gyldenbrunt. Tilsæt bambusskuddene og sauter i 3 minutter. Tilsæt sojasovs, vin eller sherry og majsstivelse og lad det simre i 4 minutter.

Oksekød med bambusskud og svampe

Til 4 personer

225 g magert oksekød
45 ml / 3 spiseskefulde jordnøddeolie.
1 skive ingefær, finthakket
100 g bambusskud, skåret i skiver
100 g champignon, skåret i skiver
45 ml / 3 spsk risvin eller tør sherry
5 ml / 1 tsk sukker
10 ml / 2 teskefulde sojasovs
salt og peber

120 ml / 4 fl oz / ¬Ω kop oksefond

15 ml / 1 spsk majsmel (majsstivelse)

30 ml / 2 spsk vand

Skær kødet i tynde skiver. Varm olien op og svits ingefæren i et par sekunder. Tilsæt kødet og sauter til det er gyldenbrunt. Tilsæt bambusskud og champignon og sauter i 1 minut. Tilsæt vin eller sherry, sukker og soja og smag til med salt og peber. Tilsæt suppen, bring det i kog, læg låg på og kog i 3 minutter. Bland majsstivelse og vand, hæld i gryden og kog under omrøring, indtil saucen tykner.

Kinesisk braiseret oksekød

Til 4 personer

45 ml / 3 spiseskefulde jordnøddeolie.

bøf á 900 g

1 forårsløg (løg), skåret i skiver

1 fed hvidløg, hakket

1 skive ingefær, finthakket

60 ml / 4 spsk sojasovs

30 ml / 2 spsk risvin eller tør sherry

5 ml / 1 tsk sukker

5 ml / 1 tsk salt

en knivspids peber

750 ml / 1° point / 3 kopper kogende vand

Varm olien op og steg hurtigt kødet på alle sider. Tilsæt spidskål, hvidløg, ingefær, soja, vin eller sherry, sukker, salt og peber. Lad det koge under omrøring. Tilsæt kogende vand, kog igen under omrøring, dæk derefter til og kog i ca. 2 timer, indtil kødet er mørt.

Oksekød med bønnespirer

Til 4 personer

450 g magert oksekød, skåret i skiver

1 æggehvide

30 ml / 2 spsk jordnøddeolie (peanuts).

15 ml / 1 spsk majsmel (majsstivelse)

15 ml / 1 spsk sojasovs

100 g bønnespirer

25 g/1 oz surkål, hakket

1 hakket rød peberfrugt

2 forårsløg (grønne løg), hakket

2 skiver hakket ingefær

Salt

5 ml / 1 tsk østerssauce

5 ml / 1 tsk sesamolie

Bland kødet med æggehviden, halvdelen af olien, majsstivelse og soja og lad det hvile i 30 minutter. Blancher bønnespirerne i kogende vand i cirka 8 minutter, indtil de er næsten bløde, dræn af. Varm den resterende olie op og steg kødet, indtil det er gyldenbrunt, og tag det derefter af panden. Tilsæt kål, chili, ingefær, salt, østerssauce og sesamolie og sauter i 2 minutter. Tilsæt bønnespirer og sauter i 2 minutter. Kom kødet tilbage i gryden og steg til det er godt blandet og gennemvarmet. Server straks.

Oksekød med broccoli

Til 4 personer

1 pund / 450 g okseskank, skåret i tynde skiver

30 ml / 2 spsk majsmel (majsstivelse)

15 ml / 1 spsk risvin eller tør sherry

15 ml / 1 spsk sojasovs

30 ml / 2 spsk jordnøddeolie (peanuts).

5 ml / 1 tsk salt

1 fed hvidløg, knust

225 g / 8 oz broccolibuketter

150 ml / ¬° pt / generøs ¬Ω kop oksefond

Kom bøffen i en skål. Bland 15 ml / 1 tsk majsstivelse med vin eller sherry og sojasovs, tilsæt kødet og lad det marinere i 30 minutter. Varm olien op med salt og hvidløg og svits indtil hvidløget er let brunet. Tilsæt bøf og marinade og lad det simre i 4 minutter. Tilsæt broccolien og svits i 3 minutter. Tilsæt bouillon, bring det i kog, læg låg på og lad det simre i 5 minutter, indtil broccolien er mør, men stadig sprød. Bland den resterende majsstivelse med lidt vand og tilsæt saucen. Kog ved svag varme under omrøring, indtil saucen lysner og tykner.

Sesambøf med broccoli

Til 4 personer

150 g magert oksekød, skåret i tynde skiver

2,5 ml / ¬Ω teskefulde østerssauce

5 ml / 1 tsk majsmel (majsstivelse)

5 ml / 1 tsk hvidvinseddike

60 ml / 4 spiseskefulde jordnøddeolie (peanuts).

100 g broccoli blomster

5 ml / 1 tsk fiskesauce

2,5 ml/¬Ω teskefuld sojasovs

250 ml / 8 fl oz / 1 kop oksefond

30 ml / 2 spsk sesamfrø

Mariner kødet med østerssauce, 2,5 ml / ¬Ω tsk majsstivelse, 2,5 ml / ¬Ω tsk eddike og 15 ml / 1 tsk olie i 1 time.

I mellemtiden opvarmer du 15 ml / 1 spsk olie, tilsæt broccoli, 2,5 ml / ¬Ω teskefulde fiskesauce, sojasovs og den resterende eddike og hæld forsigtigt kogende vand over. Kog ved lav varme i cirka 10 minutter, indtil de er bløde.

Opvarm 30 ml / 2 spsk olie i en separat gryde og sauter kort kødet, indtil det bliver gyldenbrunt. Tilsæt bouillon, resterende majsstivelse og fiskesauce, bring det i kog, læg låg på og kog i cirka 10 minutter, indtil kødet er mørt. Dræn broccolien og sæt den på komfuret. Læg kødet ovenpå og drys rigeligt med sesamfrø.

Grillet kød

Til 4 personer

450 g mager bøf, skåret i skiver

60 ml / 4 spsk sojasovs

2 fed hvidløg, hakket

5 ml / 1 tsk salt

2,5 ml / ¬Ω teskefuld friskkværnet peber

10 ml / 2 teskefulde sukker

Bland alle ingredienserne og lad det gære i 3 timer. Steg eller bag (steg) på en opvarmet grill i cirka 5 minutter på hver side.

Kantonesisk kød

Til 4 personer

30 ml / 2 spsk majsmel (majsstivelse)
2 æggehvider pisket til stive toppe
450 g bøf skåret i strimler
olie til stegning
4 stilke selleri, skåret i skiver
2 løg, skåret i skiver
60 ml / 4 spiseskefulde vand
20 ml / 4 teskefulde salt
75 ml / 5 spiseskefulde sojasovs
60 ml / 4 spsk risvin eller tør sherry
30 ml / 2 spsk sukker
friskkværnet peber

Bland halvdelen af majsstivelsen med æggehviden. Tilsæt stegen og rør rundt for at dække kødet med dejen. Varm olien op og steg bøffen til den er gyldenbrun. Tag af panden og afdryp på køkkenrulle. Opvarm 15 ml / 1 spsk olie og svits selleri og løg i 3 minutter. Tilsæt kød, vand, salt, soja, vin eller sherry og sukker og smag til med peber. Bring i kog og kog under omrøring, indtil saucen tykner.

Oksekød med gulerødder

Til 4 personer

30 ml / 2 spsk jordnøddeolie (peanuts).
450 g magert oksekød, skåret i tern
2 forårsløg (grønne løg), skåret i skiver
2 fed hvidløg, hakket
1 skive ingefær, finthakket
250 ml / 8 fl oz / 1 kop sojasovs
30 ml / 2 spsk risvin eller tør sherry
30 ml / 2 spsk brun farin
5 ml / 1 tsk salt
600 ml / 1 pt / 2 ¬Ω kopper vand
4 gulerødder, skåret diagonalt

Varm olien op og steg kødet gyldenbrunt. Hæld den overskydende olie fra og tilsæt forårsløg, hvidløg, ingefær og anis og svits i 2 minutter. Tilsæt sojasovs, vin eller sherry, sukker og salt og bland godt. Tilsæt vand, bring det i kog, dæk til og kog i 1 time. Tilsæt gulerødder, læg låg på og kog i yderligere 30 minutter. Tag låget af og lad det simre, indtil saucen er reduceret.

Oksekød med cashewnødder

Til 4 personer

60 ml / 4 spiseskefulde jordnøddeolie (peanuts).

1 pund / 450 g okseskank, skåret i tynde skiver

Skær 8 forårsløg (grønne løg) i tern

2 fed hvidløg, hakket

1 skive ingefær, finthakket

75 g / 3 oz / ¬œ kop ristede cashewnødder

120 ml / 4 fl oz / ¬Ω kop vand

20 ml / 4 teskefulde majsmel (majsstivelse)

20 ml / 4 teskefulde sojasovs

5 ml / 1 tsk sesamolie

5 ml / 1 tsk østerssauce

5 ml / 1 tsk varm sauce

Varm halvdelen af olien op og steg kødet gyldenbrunt. Fjern fra panden. Varm den resterende olie op og svits forårsløg, hvidløg, ingefær og cashewnødder i 1 minut. Læg kødet tilbage i skålen. Bland de øvrige ingredienser og hæld blandingen i gryden. Bring i kog og kog under omrøring, indtil blandingen tykner.

Slow cooker oksekød

Til 4 personer

30 ml / 2 spsk jordnøddeolie (peanuts).

450 g oksegryderet skåret i tern

3 skiver hakket ingefærrod

3 gulerødder, skåret i skiver

1 majroe, skåret i tern

15 ml / 1 spiseskefuld udstenede sorte dadler

15 ml / 1 spiseskefuld lotusfrø

30 ml / 2 spiseskefulde tomatpure (pasta)

10 ml / 2 spsk salt

900 ml / 1¬Ω point / 3¬œ kopper oksefond

250 ml / 8 fl oz / 1 kop risvin eller tør sherry

Varm olien op i en stor gryde eller stegepande og steg kødet til det er gennemstegt på alle sider.

Oksekød med blomkål

Til 4 personer

225 g blomkålsblomster

olie til stegning

225 g oksekød, skåret i strimler

50 g bambusskud, skåret i strimler

10 vandkastanjer skåret i strimler

120 ml / 4 fl oz / ¬Ω kop kyllingebouillon

15 ml / 1 spsk sojasovs

15 ml / 1 spsk østerssauce

15 ml / 1 spiseskefuld tomatpure (pasta)

15 ml / 1 spsk majsmel (majsstivelse)

2,5 ml / ¬Ω teskefuld sesamolie

Blancher blomkålen i 2 minutter i kogende vand og afdryp. Varm olien op og steg blomkålen gyldenbrun. Afdryp og afdryp på køkkenrulle. Varm olien op og steg kødet let brunt, afdryp og afdryp. Hæld alt undtagen 15 ml / 1 spsk olie i og svits bambusskud og vandkastanjer i 2 minutter. Tilsæt de øvrige ingredienser, bring det i kog og kog under omrøring, indtil saucen tykner. Kom kød og blomkål tilbage i gryden og varm forsigtigt op. Server straks.

Kalvekød med selleri

Til 4 personer

100 g selleri skåret i strimler

45 ml / 3 spiseskefulde jordnøddeolie.

2 forårsløg (grønne løg), hakket

1 skive ingefær, finthakket

225 g magert oksekød, skåret i strimler

30 ml / 2 spsk sojasovs

30 ml / 2 spsk risvin eller tør sherry

2,5 ml/½ teskefuld sukker

2,5 ml/½ teskefuld salt

Blancher sellerien i kogende vand i 1 minut og dræn godt af. Varm olien op og svits spidskål og ingefær gyldenbrun. Tilsæt kødet og lad det simre i 4 minutter. Tilsæt selleri og sauter i 2 minutter. Tilsæt sojasovs, vin eller sherry, sukker og salt og steg i 3 minutter.

Oksekødsskiver stegt med selleri

Til 4 personer

30 ml / 2 spsk jordnøddeolie (peanuts).

450 g magert oksekød skåret i strimler

3 selleristængler, hakket

1 hakket løg

1 forårsløg (løg), skåret i skiver

1 skive ingefær, finthakket

30 ml / 2 spsk sojasovs

15 ml / 1 spsk risvin eller tør sherry

2,5 ml/¬Ω teskefuld sukker

2,5 ml/¬Ω teskefuld salt

10 ml / 2 tsk majsmel (majsstivelse)

30 ml / 2 spsk vand

Varm halvdelen af olien op, indtil den er meget varm, og steg kødet i 1 minut, indtil det er gyldenbrunt. Fjern fra panden. Varm den resterende olie op og svits selleri, løg, forårsløg og ingefær, indtil de er bløde lidt. Kom kødet tilbage i gryden med sojasovs, vin eller sherry, sukker og salt, bring det i kog og lad det simre til det er varmt. Bland majsstivelse og vand, rør i gryden og kog indtil saucen tykner. Server straks.

Kalvekød skåret i skiver med kylling og selleri

Til 4 personer

4 tørrede kinesiske svampe

45 ml / 3 spiseskefulde jordnøddeolie.

2 fed hvidløg, hakket

1 ingefærrod, skåret i skiver, finthakket

5 ml / 1 tsk salt

100 g magert oksekød, skåret i strimler

100 g kylling, skåret i strimler

2 gulerødder, skåret i strimler

2 stilke selleri, skåret i strimler

4 forårsløg (grønne løg), skåret i strimler

5 ml / 1 tsk sukker

5 ml / 1 tsk sojasovs

5 ml / 1 tsk risvin eller tør sherry

45 ml / 3 spsk vand

5 ml / 1 tsk majsmel (majsstivelse)

Udblød svampene i lunkent vand i 30 minutter, og dræn derefter. Fjern stilkene og hak kammuslingerne. Varm olien op og svits hvidløg, ingefær og salt til de er gyldenbrune. Tilsæt oksekød og kylling og sauter, indtil de begynder at blive brune. Tilsæt selleri, forårsløg, sukker, soja, vin eller sherry og vand og bring det i kog. Læg låg på og lad det simre i cirka 15 minutter, indtil kødet er mørt. Bland majsstivelsen med lidt vand, tilsæt saucen og lad det simre under omrøring, indtil saucen tykner.

chili kød

Til 4 personer

450 g oksefilet skåret i strimler

45 ml / 3 spsk sojasovs

15 ml / 1 spsk risvin eller tør sherry

15 ml / 1 spsk brun farin

15 ml / 1 spsk finthakket ingefærrod

30 ml / 2 spsk jordnøddeolie (peanuts).

50 g bambusskud skåret i stave

1 løg, skåret i strimler

1 selleri skåret i tændstik

2 røde chilier, fjern kernehuset og skær i strimler

120 ml / 4 fl oz / ½ kop kyllingebouillon

15 ml / 1 spsk majsmel (majsstivelse)

Kom bøffen i en skål. Bland sojasovs, vin eller sherry, sukker og ingefær og kombiner med bøffen. Lad marinere i 1 time. Fjern bøffen fra marinaden. Varm halvdelen af olien op og svits bambusskud, løg, selleri og chili i 3 minutter, og tag dem derefter af panden. Varm den resterende olie op og steg bøffen i 3 minutter. Bland marinaden, kog op og tilsæt stegte grøntsager. Kog under omrøring i 2 minutter. Bland bouillon og majsstivelse og tilsæt til gryden. Bring i kog og kog under omrøring, indtil saucen bliver klar og tykner.

kinakål oksekød

Til 4 personer

225 g magert oksekød

30 ml / 2 spsk jordnøddeolie (peanuts).

350 g bok choy, revet

120 ml / 4 fl oz / ¬Ω kop oksefond

salt og friskkværnet peber

10 ml / 2 tsk majsmel (majsstivelse)

30 ml / 2 spsk vand

Skær kødet i tynde skiver. Varm olien op og steg kødet gyldenbrunt. Tilsæt bok choyen og sauter indtil den er let blød. Tilsæt suppen, bring det i kog og smag til med salt og peber. Læg låg på og lad det simre i 4 minutter, indtil kødet er mørt. Bland majsstivelse og vand, hæld i gryden og kog under omrøring, indtil saucen tykner.

Kalvekød Chop Suey

Til 4 personer

3 stilke selleri, skåret i skiver

100 g bønnespirer

100 g broccoli blomster

60 ml / 4 spiseskefulde jordnøddeolie (peanuts).

3 forårsløg (spidskål), hakket

2 fed hvidløg, hakket

1 skive ingefær, finthakket

225 g magert oksekød, skåret i strimler

45 ml / 3 spsk sojasovs

15 ml / 1 spsk risvin eller tør sherry

5 ml / 1 tsk salt

2,5 ml/ ½ teskefuld sukker

friskkværnet peber

15 ml / 1 spsk majsmel (majsstivelse)

Blancher selleri, bønnespirer og broccoli i kogende vand i 2 minutter, afdryp og tør. Varm 45 ml / 3 spsk olie og svits forårsløg, hvidløg og ingefær gyldenbrune. Tilsæt kødet og lad det simre i 4 minutter. Fjern fra panden. Varm den resterende olie op og svits grøntsagerne i 3 minutter. Tilsæt kød, soja, vin eller sherry, salt, sukker og en knivspids peber og lad det simre i 2 minutter. Bland majsstivelsen med lidt vand, hæld i gryden og kog under omrøring, indtil saucen bliver klar og tykner.

agurk oksekød

Til 4 personer

1 pund / 450 g okseskank, skåret i tynde skiver

45 ml / 3 spsk sojasovs

30 ml / 2 spsk majsmel (majsstivelse)

60 ml / 4 spiseskefulde jordnøddeolie (peanuts).

2 agurker, skrællet, udkernet og skåret i skiver

60 ml / 4 spsk hønsefond

30 ml / 2 spsk risvin eller tør sherry

salt og friskkværnet peber

Kom bøffen i en skål. Bland sojasovs og majsstivelse og kombiner med bøf. Lad marinere i 30 minutter. Varm halvdelen af olien op og svits agurkerne i 3 minutter, indtil de bliver gennemsigtige, og tag dem derefter af gryden. Varm den resterende olie op og steg bøffen, indtil den er gyldenbrun. Tilsæt agurkerne og svits i 2 minutter. Tilsæt bouillon, vin eller sherry og smag til med salt og peber. Bring i kog, læg låg på og kog i 3 minutter.

kød mad mein

Til 4 personer

Håndfilet 750 g / 1 ½ lb

2 løg

45 ml / 3 spsk sojasovs

45 ml / 3 spsk risvin eller tør sherry

15 ml / 1 spsk jordnøddesmør

5 ml / 1 tsk citronsaft

350 g æggemasse

60 ml / 4 spiseskefulde jordnøddeolie (peanuts).

175 ml / 6 fl oz / ¾ dl hønsefond

15 ml / 1 spsk majsmel (majsstivelse)

30 ml / 2 spsk østerssauce

4 forårsløg (grønne løg), hakket

3 stilke selleri, skåret i skiver

100 g champignon, skåret i skiver

1 grøn peberfrugt, skåret i strimler

100 g bønnespirer

Skær kødet og fjern fedtet. Skær parmesanen i tynde skiver i hele bredden. Skær løget i skiver og adskil lagene. Bland 15 ml / 1 spsk sojasauce med 15 ml / 1 spsk vin eller sherry, jordnøddesmør og citronsaft. Tilsæt kød, læg låg på og lad det stå i 1 time. Kog nudlerne i kogende vand i cirka 5 minutter, eller indtil de er møre. Dræn godt af. Opvarm 15 ml / 1 tsk olie, tilsæt

15 ml / 1 tsk sojasauce og nudler og sauter i 2 minutter, indtil de er gyldenbrune. Overfør til et varmt serveringsfad.

Kombiner den resterende sojasovs og vin eller sherry med bouillon, majsstivelse og østerssauce. Varm 15 ml / 1 spsk olie og svits løget i 1 minut. Tilsæt selleri, champignon, peber og bønnespirer og sauter i 2 minutter. Fjern fra wokken. Varm den resterende olie op og steg kødet, indtil det er gyldenbrunt. Tilsæt suppen, bring det i kog, læg låg på og kog i 3 minutter. Kom grøntsagerne tilbage i wokken og steg dem i ca. 4 minutter, indtil de er gennemvarme. Hæld blandingen over nudlerne og server.

bagt agurk

Til 4 personer

450 g mørbradfilet

10 ml / 2 tsk majsmel (majsstivelse)

10 ml / 2 teskefulde salt

2,5 ml / ¬Ω teskefuld friskkværnet peber

90 ml / 6 spiseskefulde jordnøddeolie.

1 løg finthakket

1 agurk, skrællet og skåret i skiver

120 ml / 4 fl oz / ¬Ω kop oksefond

Skær bøffen i strimler og derefter i tynde skiver mod kornet. Kom i en skål og tilsæt majsstivelse, salt, peber og halvdelen af olien. Lad marinere i 30 minutter. Varm resten af olien op og svits kød og løg til de er gyldenbrune. Tilsæt agurk og suppe, bring det i kog, læg låg på og kog i 5 minutter.

Bagt oksekarry

Til 4 personer

45 ml / 3 spsk smør

15 ml / 1 spsk karrypulver

45 ml / 3 spiseskefulde mel (til alle formål).

375 ml / 13 fl oz / 1 Ω kop mælk

15 ml / 1 spsk sojasovs

salt og friskkværnet peber

450 g kogt hakket kød

100 g ærter

2 gulerødder, hakket

2 løg hakket

225 g kogte langkornede ris, varme

1 hårdkogt æg, skåret i skiver

Smelt smørret, tilsæt karry og mel og kog i 1 minut. Tilsæt mælk og soja, bring det i kog og kog under omrøring i 2 minutter. Tilsæt salt og peber. Tilsæt oksekød, ærter, gulerødder og løg og bland godt, så det dækkes godt med saucen. Tilsæt risene, overfør derefter blandingen til en bakke og bag dem i en forvarmet ovn ved 200 ∞C / 400 ∞F / termostat 6 i 20 minutter, indtil grøntsagerne er bløde. Serveres pyntet med skiver hårdkogt æg.

surt øre

Til 4 personer

450 g / 1 lb flodmunding på dåse

45 ml / 3 spsk sojasovs

30 ml / 2 spiseskefulde eddike

5 ml / 1 tsk sukker

et par dråber sesamolie

Dræn abalonen og skær den i tynde skiver eller strimler. Bland de resterende ingredienser, hæld over abalonen og bland godt. Dæk til og stil på køl i 1 time.

Stuvning fra bambusskud

Til 4 personer

60 ml / 4 spiseskefulde jordnøddeolie (peanuts).

225 g bambusskud, skåret i strimler

60 ml / 4 spsk hønsefond

15 ml / 1 spsk sojasovs

5 ml / 1 tsk sukker

5 ml / 1 tsk risvin eller tør sherry

Varm olien op og steg bambusskuddene i 3 minutter. Bland bouillon, soja, sukker og vin eller sherry og tilsæt til gryden. Dæk til og kog ved svag varme i 20 minutter. Lad køle af og afkøle inden servering.

Kylling med agurker

Til 4 personer

1 agurk, skrællet og udstenet
225 g kogt kylling, skåret i små stykker
5 ml / 1 tsk sennepspulver
2,5 ml/¬Ω teskefuld salt
30 ml / 2 spiseskefulde eddike

Skær agurken i strimler og læg den på et fad. Læg kyllingen på den. Bland sennep, salt og eddike og hæld over kyllingen lige inden servering.

Kylling med sesam

Til 4 personer

350 g kogt kylling

120 ml / 4 fl oz / ¬Ω kop vand

5 ml / 1 tsk sennepspulver

15 ml / 1 spsk sesamfrø

2,5 ml/¬Ω teskefuld salt

en knivspids sukker

45 ml / 3 spsk hakket frisk koriander

5 forårsløg (grønne løg), hakket

¬Ω salathoved, revet

Skær kyllingen i tynde strimler. Bland nok vand i sennepen til at lave en jævn pasta og tilsæt det til kyllingen. Rist sesamfrøene på en tør pande, til de er let brunede, og tilsæt dem derefter til kyllingen og drys med salt og sukker. Tilsæt halvdelen af persillen og purløg og bland godt. Læg salaten på et serveringsfad, hæld kyllingeblandingen over og pynt med den resterende persille.

det ligner ingefær

Til 4 personer

1 stor vandmelon, halveret og kernehuset fjernet

450 g / 1 lb dåse litchi, drænet

5 cm / 2 stilke ingefær, skåret i skiver

et par mynteblade

Pynt melonhalvdelene med litchi og ingefær, pynt med mynteblade. Afkøl inden servering.

Røde kogte kyllingevinger

Til 4 personer

8 kyllingevinger

2 forårsløg (grønne løg), hakket

75 ml / 5 spiseskefulde sojasovs

120 ml / 4 fl oz / ¬Ω kop vand

30 ml / 2 spsk brun farin

Skær og kassér benenderne fra kyllingevingerne og skær dem i halve. Kom i en gryde med de øvrige ingredienser, bring i kog, læg låg på og kog ved svag varme i 30 minutter. Tag låget af, og fortsæt med at koge ved lav varme i yderligere 15 minutter, mens du drypper jævnligt. Lad det køle af og stil på køl inden servering.

Krabbekød af agurk

Til 4 personer

100 g krabbekød, i strimler

2 agurker, skrællet og hakket

1 skive ingefær, finthakket

15 ml / 1 spsk sojasovs

30 ml / 2 spiseskefulde eddike

5 ml / 1 tsk sukker

et par dråber sesamolie

Læg krabbekød og agurker i en skål. Bland de resterende ingredienser, hæld over krabbeblandingen og bland godt. Dæk til og afkøl 30 minutter før servering.

marinerede svampe

Til 4 personer

225 g svampe

30 ml / 2 spsk sojasovs

15 ml / 1 spsk risvin eller tør sherry

en knivspids salt

et par dråber Tabasco

et par dråber sesamolie

Blancher svampene i kogende vand i 2 minutter, dræn derefter og tør dem. Kom i en skål og hæld de øvrige ingredienser over. Bland godt og lad det køle af inden servering.

Marinerede hvidløgssvampe

Til 4 personer

225 g svampe

3 fed hvidløg, hakket

30 ml / 2 spsk sojasovs

30 ml / 2 spsk risvin eller tør sherry

15 ml / 1 spsk sesamolie

en knivspids salt

Læg svampe og hvidløg i et dørslag, hæld kogende vand over dem og lad det stå i 3 minutter. Dræn og tør godt. Bland de øvrige ingredienser, hæld marinaden over svampene og lad dem marinere i 1 time.

Rejer og blomkål

Til 4 personer

225 g blomkålsblomster

100 g pillede rejer

15 ml / 1 spsk sojasovs

5 ml / 1 tsk sesamolie

Kog blomkålen separat i cirka 5 minutter, indtil den er mør, men stadig sprød. Bland med rejer, drys med sojasovs og sesamolie og bland. Afkøl inden servering.

Skinkestave med sesam

Til 4 personer

225 g skinke skåret i strimler

10 ml / 2 teskefulde sojasovs

2,5 ml / ¬Ω teskefuld sesamolie

Anret skinken på et serveringsfad. Bland sojaolie og sesamolie, drys skinken over og server.

kold tofu

Til 4 personer

450 g tofu, skåret i skiver

45 ml / 3 spsk sojasovs

45 ml / 3 spiseskefulde jordnøddeolie.

friskkværnet peber

Kom tofu, et par skiver ad gangen, i en si og hæld i kogende vand i 40 sekunder, dræn og læg på en tallerken. Lad det køle af. Bland sojasovs og olie, drys tofu over og server drysset med peber.

Kylling med bacon

Til 4 personer

225 g kylling i meget tynde skiver

75 ml / 5 spiseskefulde sojasovs

15 ml / 1 spsk risvin eller tør sherry

1 fed hvidløg, knust

15 ml / 1 spsk brun farin

5 ml / 1 tsk salt

5 ml / 1 tsk finthakket ingefær

225 g magert bacon skåret i tern

100 g vandkastanjer i meget tynde skiver

30 ml / 2 skeer honning

Læg kyllingen i en skål. Bland 45 ml / 3 spsk sojasovs med vin eller sherry, hvidløg, sukker, salt og ingefær, hæld over kyllingen og mariner i ca. 3 timer. Sæt kylling, bacon og kastanjer på kebabspydet. Bland resten af soyaen med honning og beklæd spyddene. Steg (steg) under en varm slagtekylling i cirka 10 minutter, indtil de er gennemstegte, vend ofte og pensl med mere glasur, mens de koger.

Pommes frites med kylling og banan

Til 4 personer

2 kogte kyllingebryst

2 hårde bananer

6 skiver brød

4 æg

120 ml / 4 fl oz / ¬Ω kop mælk

50 g / 2 oz / ¬Ω kop universalmel.

225 g / 8 oz / 4 kopper friske brødkrummer

olie til stegning

Skær kyllingen i 24 stykker. Skræl bananerne og skær dem i kvarte på langs. Skær hver fjerdedel i tredjedele for at lave 24 stykker. Fjern skorpen fra brødet og skær det i kvarte. Pisk æg og mælk og læg den ene side af brødet. Læg et stykke kylling og et stykke banan på den ægpenslede side af hvert stykke brød. Drys firkanterne let med mel, rul dem derefter i æg og drys med rasp. Dyp igen i æg og rasp. Varm olien op og steg et par firkanter, indtil de er gyldenbrune. Afdryp på fedtsugende papir inden servering.

Kylling med ingefær og svampe

Til 4 personer

225 g kyllingebryst

5 ml / 1 tsk fem krydderier pulver

15 ml / 1 spiseskefuld mel (til alle formål).

120 ml / 4 fl oz / ¬Ω kop jordnøddeolie (peanut).

4 skalotteløg, halveret

1 fed hvidløg, skåret i skiver

1 skive ingefær, finthakket

25 g / 1 oz / ¬° kop cashewnødder

5 ml / 1 tsk honning

15 ml / 1 spsk rismel

75 ml / 5 spiseskefulde risvin eller tør sherry

100 g champignon skåret i kvarte

2,5 ml/¬Ω teskefuld gurkemeje

6 gule peberfrugter, skåret i halve

5 ml / 1 tsk sojasovs

¬¬ citronsaft

salt og peber

4 blade sprød salat

Skær kyllingebrystet diagonalt med parmesan i tynde strimler. Drys med fem krydderier og drys let med mel. Varm 15 ml/1 spsk olie op og steg kyllingen, indtil den er gyldenbrun. Fjern fra panden. Varm lidt olie op og svits skalotteløg, hvidløg, ingefær og cashewnødder i 1 minut. Tilsæt honningen og rør, indtil grøntsagerne er dækket. Drys med mel og tilsæt vin eller sherry. Tilsæt svampe, gurkemeje og chili og kog i 1 minut. Tilsæt kylling, sojasauce, saft af en halv citron, salt og peber og varm op. Tag den af panden og hold den varm. Varm lidt mere olie op, tilsæt salatblade og steg dem hurtigt,

kylling og skinke

Til 4 personer

225 g kylling i meget tynde skiver

75 ml / 5 spiseskefulde sojasovs

15 ml / 1 spsk risvin eller tør sherry

15 ml / 1 spsk brun farin

5 ml / 1 tsk finthakket ingefær

1 fed hvidløg, knust

225 g kogt skinke skåret i tern

30 ml / 2 skeer honning

Læg kyllingen i en skål med 45 ml/3 spsk sojasovs, vin eller sherry, sukker, ingefær og hvidløg. Lad marinere i 3 timer. Læg kyllingen og skinken på kebabspydet. Bland resten af soyaen med honning og beklæd spyddene. Steg (steg) under varm slagtekylling i ca. 10 minutter, vend ofte og drys med glasur, mens de koger.

Grillet kyllingelever

Til 4 personer

450 g kyllingelever

45 ml / 3 spsk sojasovs

15 ml / 1 spsk risvin eller tør sherry

15 ml / 1 spsk brun farin

5 ml / 1 tsk salt

5 ml / 1 tsk finthakket ingefær

1 fed hvidløg, knust

Blancher kyllingeleverne i kogende vand i 2 minutter og dryp dem godt af. Kom i en skål med alle andre ingredienser undtagen olie og lad det marinere i cirka 3 timer. Træk kyllingeleverne på kebabspyd og steg dem på en opvarmet grill i cirka 8 minutter, indtil de er pænt brune.

Krabbeboller med vandkastanjer

Til 4 personer

450 g krebs, hakket

100 g hakkede vandkastanjer

1 fed hvidløg, knust

1 cm/¬Ω snittet ingefærrod, finthakket

45 ml / 3 spsk majsmel (majsstivelse)

30 ml / 2 spsk sojasovs

15 ml / 1 spsk risvin eller tør sherry

5 ml / 1 tsk salt

5 ml / 1 tsk sukker

3 sammenpisket æg

olie til stegning

Bland alle ingredienser undtagen olie og form kugler. Varm olien op og steg krabbefrikadellerne til de er gyldenbrune. Dræn godt af inden servering.

dim sum

Til 4 personer

100 g pillede rejer, hakket

225 g magert svinekød, finthakket

50 g bok choy, finthakket

3 forårsløg (spidskål), hakket

1 sammenpisket æg

30 ml / 2 spsk majsmel (majsstivelse)

10 ml / 2 teskefulde sojasovs

5 ml / 1 tsk sesamolie

5 ml / 1 tsk østerssauce

24 wonton skins

olie til stegning

Bland rejer, svinekød, kål og spidskål. Bland æg, majsstivelse, sojasauce, sesamolie og østerssauce. Drop skefulde af blandingen i midten af hver wonton skorpe. Pak forsigtigt indpakningerne rundt om fyldet, læg kanterne ind, men lad toppen stå åben. Varm olien op og steg dim summen lidt efter lidt, indtil den bliver gyldenbrun. Dræn godt af og server varm.

Skinke og kyllingeruller

Til 4 personer

2 kyllingebryst

1 fed hvidløg, knust

2,5 ml/¬Ω teskefuld salt

2,5 ml / ¬Ω teskefuld fem krydderier pulver

4 skiver kogt skinke

1 sammenpisket æg

30 ml / 2 spsk mælk

25 g / 1 oz / ¬° kop almindeligt mel (alle formål).

4 skorper forårsruller

olie til stegning

Skær kyllingebrystet i halve. Pisk dem til de bliver meget fine. Bland hvidløg, salt og fem krydderier og drys over kyllingen. Læg en skive skinke på hvert stykke kylling og rul godt sammen. Bland æg og mælk. Mel kyllingestykkerne let og dyp dem i æggeblandingen. Læg hvert stykke med skindsiden nedad på en æggerulle og pensl kanterne med sammenpisket æg. Fold siderne, rul derefter sammen, og klem kanterne til brune. Varm olien op og steg rullerne i cirka 5 minutter, indtil de er gyldenbrune.

brunet og brunet. Afdryp på et køkkenrulle, og skær derefter diagonalt tykt til servering.

Bagte skinkeringe

Til 4 personer

350 g / 12 oz / 3 kopper mel (alle formål).

175 g / 6 oz / ¬œ kop smør

120 ml / 4 fl oz / ¬Ω kop vand

225 g hakket skinke

100 g hakkede bambusskud

2 forårsløg (grønne løg), hakket

15 ml / 1 spsk sojasovs

30 ml / 2 spsk sesamfrø

Kom melet i en skål og tilsæt smørret. Bland i vand for at lave en pasta. Rul dejen ud og skær 5 cm/2 cm cirkler ud. Bland alle andre ingredienser undtagen sesam og hæld i hver cirkel. Pensl kanterne af butterdejen med vand og forsegl. Pensl ydersiden med vand og drys med sesamfrø. Bages i en forvarmet ovn ved 180 ¬∞C / 350 ¬∞F / termostat 4 i 30 minutter.

pseudo røget fisk

Til 4 personer

1 havbars

3 skiver ingefær i skiver

1 fed hvidløg, knust

1 forårsløg (krydret), ofte skåret i skiver

75 ml / 5 spiseskefulde sojasovs

30 ml / 2 spsk risvin eller tør sherry

2,5 ml / ½ teskefuld stødt anis

2,5 ml / ½ teskefuld sesamolie

10 ml / 2 teskefulde sukker

120 ml / 4 fl oz / ½ kopper suppe

olie til stegning

5 ml / 1 tsk majsmel (majsstivelse)

Pil fisken og skær den i 5 mm tykke skiver. Bland ingefær, hvidløg, forårsløg, 60 ml / 4 spsk sojasovs, sherry, anis og sesamolie. Hæld over fisken og lad den forsigtigt smage. Lad det stå i 2 timer under omrøring af og til.

Dræn marinaden i en gryde og dup fisken på køkkenrulle. Tilsæt sukker, bouillon og resten af sojasovsen.

mariner, bring det i kog og kog i 1 minut. Hvis saucen skal tykne, blandes majsstivelse med lidt koldt vand, tilsættes saucen og koges under omrøring, indtil saucen tykner.

Varm imens olien op og steg guldfisken. Dræn godt af. Dyp fiskestykkerne i marinaden og læg dem på et lunt fad. Serveres varm eller kold.

kogte svampe

Til 4 personer

12 store hætter tørrede svampe

225 g krabbekød

3 hakkede vandkastanjer

2 unge løg (grønne løg), finthakket

1 æggehvide

15 ml / 1 spsk majsmel (majsstivelse)

15 ml / 1 spsk sojasovs

15 ml / 1 spsk risvin eller tør sherry

Læg svampen i blød i lunkent vand natten over. Et tørt kram. Bland resten af ingredienserne og fyld svampehætterne med dem. Læg på en damprist og damp i 40 minutter. Serveres varm.

Svampe i østerssauce

Til 4 personer

10 tørrede kinesiske svampe

250 ml / 8 fl oz / 1 kop oksefond

15 ml / 1 spsk majsmel (majsstivelse)

30 ml / 2 spsk østerssauce

5 ml / 1 tsk risvin eller tør sherry

Udblød svampene i lunkent vand i 30 minutter, og dræn derefter 250 ml / 8 fl oz / 1 kop af iblødsætningsvæsken. Kassér stilkene. Bland 60 ml / 4 spiseskefulde oksefond med majsstivelse, indtil der dannes en pasta. Kog resten af oksekødssuppen op med svampe og svampesaft, læg låg på og kog i 20 minutter. Fjern svampene fra væsken med en hulske og læg dem på et lunt serveringsfad. Tilsæt østerssaucen og sherryen i gryden og lad det simre under omrøring i 2 minutter. Tilsæt majsstivelsespastaen og kog ved svag varme under omrøring, indtil saucen tykner. Hæld svampene over og server med det samme.

Svineruller og salat

Til 4 personer

4 tørrede kinesiske svampe

15 ml / 1 spsk jordnøddeolie.

225 g magert svinekød, hakket

100 g hakkede bambusskud

100 g hakkede vandkastanjer

4 forårsløg (grønne løg), hakket

175 g krabber i flager

30 ml / 2 spsk risvin eller tør sherry

15 ml / 1 spsk sojasovs

10 ml / 2 teskefulde østerssauce

10 ml / 2 teskefulde sesamolie

9 kinesiske blade

Udblød svampene i lunkent vand i 30 minutter, og dræn derefter. Fjern stilkene og hak kammuslingerne. Varm olien op og steg svinekødet i 5 minutter. Tilsæt svampe, bambusskud, vandkastanjer, spidskål og krabbekød og svits i 2 minutter. Kombiner vin eller sherry, sojasovs, østerssauce og sesamolie og rør i gryden. Fjern fra varmen. Blancher i mellemtiden kinesiske blade i kogende vand i 1 minut.

tag væk. Læg en skefuld af svinekødsblandingen i midten af hvert blad, fold over siderne og rul sammen til servering.

Svineboller og kastanjer

Til 4 personer

450 g hakket svinekød (hakket).

50 g finthakkede svampe

50 g finthakkede vandkastanjer

1 fed hvidløg, knust

1 sammenpisket æg

30 ml / 2 spsk sojasovs

15 ml / 1 spsk risvin eller tør sherry

5 ml / 1 tsk finthakket ingefær

5 ml / 1 tsk sukker

Salt

30 ml / 2 spsk majsmel (majsstivelse)

olie til stegning

Bland alle ingredienserne undtagen majsstivelsen og form blandingen til kugler. Rul i majsstivelsen. Varm olien op og steg frikadellerne i cirka 10 minutter, til de er gyldenbrune. Dræn godt af inden servering.

Svineboller

Til 4 6 6 personer

450 g / 1 pund mel (så).

500 ml / 17 fl oz / 2 kopper vand

450 g kogt svinekød, hakket

225 g pillede rejer, hakket

4 selleristængler, hakket

15 ml / 1 spsk sojasovs

15 ml / 1 spsk risvin eller tør sherry

15 ml / 1 spsk sesamolie

5 ml / 1 tsk salt

2 unge løg (grønne løg), finthakket

2 fed hvidløg, hakket

1 skive ingefær, finthakket

Bland mel og vand til dejen bliver blød og ælt den godt sammen. Dæk til og lad stå i 10 minutter. Rul dejen så tyndt ud som muligt og skær 5 cm cirkler ud. Bland alle andre ingredienser. Kom en skefuld af blandingen i hver cirkel, fugt kanterne og luk den i en halvcirkel. Bring en gryde med vand i kog, og sænk derefter forsigtigt gnocchierne ned i vandet.

Svine- og oksekager

Til 4 personer

100 g hakket svinekød (malet).

100 g hakket oksekød (hakket).

1 skive hakket bacon (hakket)

15 ml / 1 spsk sojasovs

salt og peber

1 sammenpisket æg

30 ml / 2 spsk majsmel (majsstivelse)

olie til stegning

Bland hakkebøf og bacon og smag til med salt og peber. Bland med ægget, form kugler på størrelse med valnødde og drys med majsstivelse. Varm olien op og steg den gyldenbrun. Dræn godt af inden servering.

sommerfugle rejer

Til 4 personer

450 g store rejer, pillede

15 ml / 1 spsk sojasovs

5 ml / 1 tsk risvin eller tør sherry

5 ml / 1 tsk finthakket ingefær

2,5 ml/¬Ω teskefuld salt

2 sammenpisket æg

30 ml / 2 spsk majsmel (majsstivelse)

15 ml / 1 spiseskefuld mel (til alle formål).

olie til stegning

Skær rejerne i midten af nyrerne og anret dem i form af en sommerfugl. Bland sojasovs, vin eller sherry, ingefær og salt. Hæld rejerne over og mariner i 30 minutter. Fjern fra marinaden og dup tør. Pisk ægget med majsstivelse og mel, indtil du får en dej og dyp rejerne i dejen. Varm olien op og steg rejerne til de er gyldenbrune. Dræn godt af inden servering.

kinesiske rejer

Til 4 personer

450 g pillede rejer

30 ml / 2 spsk Worcestershire sauce

15 ml / 1 spsk sojasovs

15 ml / 1 spsk risvin eller tør sherry

15 ml / 1 spsk brun farin

Læg rejerne i en skål. Bland de øvrige ingredienser, hæld over rejerne og lad dem marinere i 30 minutter. Overfør til en bageplade og bag i en forvarmet ovn ved 150°C / 300°F / termostat 2 i 25 minutter. Serveres varm eller kold med muslinger, så gæsterne kan lave mad.

dragesky

Til 4 personer

100 g rejekiks

olie til stegning

Varm olien op, indtil den er meget varm. Tilsæt rejekiks håndfuld for håndfuld og steg i et par sekunder, indtil de er hævede. Fjern olien og afdryp på køkkenrulle, mens du steger kagerne.

sprøde rejer

Til 4 personer

450 g afskallede tigerrejer

15 ml / 1 spsk risvin eller tør sherry

10 ml / 2 teskefulde sojasovs

5 ml / 1 tsk fem krydderier pulver

salt og peber

90 ml / 6 spiseskefulde majsmel (majsstivelse)

2 sammenpisket æg

100 g brødkrummer

jordnøddeolie til stegning

Hæld vin eller sherry, sojasovs og five spice pulver over rejerne og smag til med salt og peber. Dyp dem i majsmel, derefter i sammenpisket æg og rasp. Steg i kogende olie i et par minutter, indtil de er gyldenbrune, dræn af og server straks.

Rejer med ingefærsauce

Til 4 personer

15 ml / 1 spsk sojasovs

5 ml / 1 tsk risvin eller tør sherry

5 ml / 1 tsk sesamolie

450 g pillede rejer

30 ml / 2 spsk hakket frisk persille

15 ml / 1 spiseskefuld eddike

5 ml / 1 tsk finthakket ingefær

Bland sojasovs, vin eller sherry og sesamolie. Hæld rejerne over, dæk til og lad dem marinere i 30 minutter. Grill rejerne i et par minutter, indtil de er gennemstegte, pensl med marinade. Bland imens persille, eddike og ingefær sammen til rejerne.

Rejer og nudelruller

Til 4 personer

50 g æggemasse, skåret i stykker

15 ml / 1 spsk jordnøddeolie.

50 g magert svinekød, finthakket

100 g hakkede svampe

3 forårsløg (spidskål), hakket

100 g pillede rejer, hakket

15 ml / 1 spsk risvin eller tør sherry

salt og peber

24 wonton skins

1 sammenpisket æg

olie til stegning

Kog nudlerne i kogende vand i 5 minutter, dræn og hak. Varm olien op og steg svinekødet i 4 minutter. Tilsæt svampe og løg og sauter i 2 minutter, tag derefter af varmen. Tilsæt rejer, vin eller sherry og nudler og smag til med salt og peber. Læg skefulde af blandingen i midten af hver wontonskorpe og pensl kanterne med sammenpisket æg. Fold kanterne, rul derefter indpakningen op og forsegl kanterne. Varm olien op og bag rullerne en efter en et par ad gangen i cirka 5 minutter, indtil de er gyldenbrune. Afdryp på fedtsugende papir inden servering.

rejetoast

Til 4 personer

2 æg, 450 g afskallede rejer, hakket

15 ml / 1 spsk majsmel (majsstivelse)

1 løg finthakket

30 ml / 2 spsk sojasovs

15 ml / 1 spsk risvin eller tør sherry

5 ml / 1 tsk salt

5 ml / 1 tsk finthakket ingefær

8 skiver brød skåret i trekanter

olie til stegning

Bland 1 æg med alle andre ingredienser undtagen brød og olie. Hæld blandingen over brødtrekanten og tryk den ind i kuplen. Pensl med det resterende æg. Varm ca. 5 cm olie op og steg brødtrekanterne til de er gyldenbrune. Dræn godt af inden servering.

Svinekød og rejer wonton med sød og sur sauce

Til 4 personer

120 ml / 4 fl oz / ½ kop vand

60 ml / 4 spiseskefulde eddike

60 ml / 4 spsk brun farin

30 ml / 2 spiseskefulde tomatpure (pasta)

10 ml / 2 tsk majsmel (majsstivelse)

25 g hakkede svampe

25 g pillede rejer, hakket

50 g magert svinekød, hakket

2 forårsløg (grønne løg), hakket

5 ml / 1 tsk sojasovs

2,5 ml / ½ teskefuld revet ingefærrod

1 fed hvidløg, knust

24 wonton skins

olie til stegning

Kom vand, eddike, sukker, tomatpuré og majsstivelse i en gryde. Bring i kog, under konstant omrøring, og kog i 1 minut. Fjern fra varmen og hold varm.

Bland svampe, rejer, svinekød, grønne løg, sojasovs, ingefær og hvidløg. Hæld en skefuld af fyldet i hver skal, beklæd kanterne med vand og tryk til brune. Varm olien op og steg et par wontons til de er gyldenbrune. Afdryp på køkkenrulle og server varm med sød og sur sauce.

Hønsekødssuppe

Til 2 pints / 3½ point / 8½ kopper

1,5 kg / 2 lb kogte eller rå kyllingeunderlår

450 g svinelår

1 cm/½ ingefærrod i stykker

3 forårsløg (grønne løg), skåret i skiver

1 fed hvidløg, knust

5 ml / 1 tsk salt

2,25 liter / 4 pt / 10 glas vand

Kog alle ingredienserne, læg låg på og kog i 15 minutter. Fjern fedt. Dæk til og kog ved svag varme i 1 og en halv time. Filtrer, afkøl og dæk til. Frys i små mængder eller køl og brug inden for 2 dage.

Svinekød og bønnespiresuppe

Til 4 personer

450 g hakket svinekød

1,5 l / 2½ qt / 6 dl hønsefond

5 skiver ingefærrod

350 g bønnespirer

15 ml / 1 spsk salt

Blancher svinekødet i kogende vand i 10 minutter, og dræn derefter. Bring suppen i kog og tilsæt svinekød og ingefær. Dæk til og kog ved svag varme i 50 minutter. Tilsæt bønnespirer og salt og lad det simre i 20 minutter.

Abalone og svampesuppe

Til 4 personer

60 ml / 4 spiseskefulde jordnøddeolie (peanuts).

100 g magert svinekød skåret i strimler

225 g dåse øre, skåret i strimler

100 g champignon, skåret i skiver

2 stykker selleri, skåret i skiver

50 g skinke skåret i strimler

2 løg, skåret i skiver

1,5 l / 2½ qt / 6 kopper vand

30 ml / 2 spiseskefulde eddike

45 ml / 3 spsk sojasovs

2 skiver hakket ingefær

salt og friskkværnet peber

15 ml / 1 spsk majsmel (majsstivelse)

45 ml / 3 spsk vand

Varm olien op og svits svinekød, abalone, champignon, selleri, skinke og løg i 8 minutter. Tilsæt vand og eddike, bring det i kog, læg låg på og kog i 20 minutter. Tilsæt sojasovs, ingefær, salt og peber. Bland majsstivelse indtil du får en pasta med vand, hæld i suppen og kog under omrøring i 5 minutter, indtil suppen bliver klar og tykner.

Kylling og asparges suppe

Til 4 personer

100 g kylling, hakket

2 æggehvider

2,5 ml / ½ tsk salt

30 ml / 2 spsk majsmel (majsstivelse)

225 g asparges, skåret i 5 cm stykker

100 g bønnespirer

1,5 l / 2½ qt / 6 dl hønsefond

100 g svampe

Bland kyllingen med æggehviden, salt og majsstivelse og lad det stå i 30 minutter. Kog kyllingen i kogende vand i cirka 10 minutter, indtil den er kogt, dræn godt af. Blancher aspargesene i kogende vand i 2 minutter og afdryp. Blancher bønnespirerne i kogende vand i 3 minutter og afdryp. Hæld suppen i en stor gryde og tilsæt kylling, asparges, champignon og bønnespirer. Kog op og tilsæt salt. Sauter i et par minutter for at udvikle smagen, og indtil grøntsagerne er bløde, men stadig sprøde.

Bouillon

Til 4 personer

225 g hakket oksekød (hakket).

15 ml / 1 spsk sojasovs

15 ml / 1 spsk risvin eller tør sherry

15 ml / 1 spsk majsmel (majsstivelse)

1,2 l / 2 pt / 5 dl hønsefond

5 ml / 1 ske. chili bønne sauce

salt og peber

2 sammenpisket æg

6 forårsløg (grønne løg), hakket

Bland kødet med sojasovs, vin eller sherry og majsstivelse. Tilsæt suppen og kog langsomt under omrøring. Tilsæt den krydrede bønnesauce og smag til med salt og peber, læg låg på og lad det simre i ca. 10 minutter under omrøring af og til. Tilsæt æg og server drysset med forårsløg.

Kinesisk oksekød og bladsuppe

Til 4 personer

200 g magert oksekød, skåret i strimler

15 ml / 1 spsk sojasovs

15 ml / 1 spsk jordnøddeolie.

1,5 l / 2½ qt / 6 dl oksefond

5 ml / 1 tsk salt

2,5 ml / ½ tsk sukker

½ hoved kinesiske blade skåret i stykker

Bland kødet med sojasovs og olie og lad det marinere i 30 minutter under omrøring af og til. Bring suppen i kog med salt og sukker, tilsæt kinesiske blade og kog ved svag varme i cirka 10 minutter, indtil den er næsten kogt. Tilsæt kødet og lad det simre i yderligere 5 minutter.

Kålsuppe

Til 4 personer

60 ml / 4 spiseskefulde jordnøddeolie (peanuts).

2 løg hakket

100 g magert svinekød skåret i strimler

225 g hakket kinakål

10 ml / 2 teskefulde sukker

1,2 l / 2 pt / 5 dl hønsefond

45 ml / 3 spsk sojasovs

salt og peber

15 ml / 1 spsk majsmel (majsstivelse)

Varm olien op og svits løg og svinekød til det er gyldenbrunt. Tilsæt kål og sukker og lad det simre i 5 minutter. Tilsæt bouillon og soja og smag til med salt og peber. Bring i kog, læg låg på og kog i 20 minutter. Bland majsstivelsen med lidt vand, tilsæt suppen og kog under omrøring, indtil suppen tykner og bliver gennemsigtig.

Krydret oksekødsuppe

Til 4 personer

45 ml / 3 spiseskefulde jordnøddeolie.

1 fed hvidløg, knust

5 ml / 1 tsk salt

225 g hakket oksekød (hakket).

6 forårsløg (grønne løg), skåret i strimler

1 rød peberfrugt, skåret i strimler

1 grøn peberfrugt, skåret i strimler

225 g hakket kål

1 l / 1¾ pt / 4¼ kopper oksefond

30 ml / 2 spsk blommesauce

30 ml / 2 spsk hoisinsauce

45 ml / 3 spsk sojasovs

2 stykker hakket ingefær uden stilk

2 æg

5 ml / 1 tsk sesamolie

225 g udblødte gennemsigtige nudler

Varm olien op og svits hvidløg og salt til de er gyldenbrune. Tilsæt kødet og steg hurtigt. Tilsæt grøntsagerne og sauter indtil de er gennemsigtige. Tilsæt suppe, blommesauce, hoisinsauce, 30 ml/2

en ske sojasovs og ingefær, bring det i kog og kog i 10 minutter. Pisk æg med sesamolie og resten af sojasovsen. Tilsæt bouillon til nudlerne og kog under omrøring, indtil æggene er trævlede og nudlerne er møre.

himmelsk suppe

Til 4 personer

2 forårsløg (grønne løg), hakket

1 fed hvidløg, knust

30 ml / 2 spsk hakket frisk persille

5 ml / 1 tsk salt

15 ml / 1 spsk jordnøddeolie.

30 ml / 2 spsk sojasovs

1,5 l / 2½ qt / 6 kopper vand

Bland forårsløg, hvidløg, persille, salt, olie og soja. Kog vandet op, hæld purløgsblandingen over og lad det stå i 3 minutter.

Kylling og bambusskudsuppe

Til 4 personer

2 kyllingeunderlår

30 ml / 2 spsk jordnøddeolie (peanuts).

5 ml / 1 tsk risvin eller tør sherry

1,5 l / 2½ qt / 6 dl hønsefond

3 forårsløg, skåret i skiver

100 g bambusskud, skåret i stykker

5 ml / 1 tsk finthakket ingefær

Salt

Udben kyllingen og skær kødet i tern. Varm olien op og steg kyllingen på alle sider, indtil den er gyldenbrun. Tilsæt bouillon, spidskål, bambusskud og ingefær, bring det i kog og kog i cirka 20 minutter, indtil kyllingen er mør. Tilsæt salt inden servering.

Kylling og majssuppe

Til 4 personer

1 l / 1¾ pt / 4¼ kopper kyllingebouillon

100 g hakket kylling

200 g majscreme

skær skinken i skiver, hakket

røræg

15 ml / 1 spsk risvin eller tør sherry

Bring suppen og kyllingen i kog, læg låg på og kog i 15 minutter. Tilsæt majs og skinke, læg låg på og lad det simre i 5 minutter. Tilsæt æg og sherry, rør forsigtigt med en pind for at forme æggene til tråde. Fjern fra varmen, læg låg på og lad stå i 3 minutter før servering.

Kylling og ingefær suppe

Til 4 personer

4 tørrede kinesiske svampe

1,5 l / 2½ qt / 6 dl vand eller hønsefond

225 g kyllingekød skåret i tern

10 skiver ingefær

5 ml / 1 tsk risvin eller tør sherry

Salt

Udblød svampene i lunkent vand i 30 minutter, og dræn derefter. Kassér stilkene. Kog vand eller bouillon op med de øvrige ingredienser og kog i cirka 20 minutter til kyllingen er kogt.

Kinesisk kyllingesuppe med svampe

Til 4 personer

25 g tørre kinesiske svampe
100 g kylling, hakket
50 g hakkede bambusskud
30 ml / 2 spsk sojasovs
30 ml / 2 spsk risvin eller tør sherry
1,2 l / 2 pt / 5 dl hønsefond

Udblød svampene i lunkent vand i 30 minutter, og dræn derefter. Fjern stilkene og skær toppen af. Blancher champignon, kylling og bambusskud i kogende vand i 30 sekunder og afdryp. Kom dem i en skål og bland sojasovs og vin eller sherry. Lad marinere i 1 time. Bring suppen i kog, tilsæt kyllingeblandingen og marinaden. Bland godt og lad det simre i et par minutter, indtil kyllingen er gennemstegt.

Kylling og rissuppe

Til 4 personer

1 l / 1¾ pt / 4¼ kopper kyllingebouillon

225 g / 8 oz / 1 kop kogte langkornede ris

100 g kogt kylling, skåret i strimler

1 løg i kvarte

5 ml / 1 tsk sojasovs

Varm alle ingredienser op til de er varme, men suppen koger ikke.

Kylling og kokossuppe

Til 4 personer

350 g kyllingebryst

Salt

10 ml / 2 tsk majsmel (majsstivelse)

30 ml / 2 spsk jordnøddeolie (peanuts).

1 grøn chili, hakket

1 l / 1¾ pt / 4¼ kopper kokosmælk

5 ml / 1 tsk citronskal

12 litchi

en knivspids revet muskatnød

salt og friskkværnet peber

2 ark register

Skær kyllingebrystet diagonalt fra parmesanen i strimler. Drys med salt og dæk med majsstivelse. Opvarm 10 ml / 2 tsk olie i en wok, vend og hæld. Gentag en gang til. Varm resten af olien op og steg kylling og chili i 1 minut. Tilsæt kokosmælken og lad det koge ind. Tilsæt citronskal og kog ved svag varme i 5 minutter. Tilsæt litchi, smag til med muskatnød, salt og peber og server pyntet med citronmelisse.

Muslingesuppe

Til 4 personer

2 tørrede kinesiske svampe

12 muslinger, udblødt og skrubbet

1,5 l / 2½ qt / 6 dl hønsefond

50 g hakkede bambusskud

50 g ærter, skåret i halve

2 forårsløg (grønne løg), skåret i skiver

15 ml / 1 spsk risvin eller tør sherry

en knivspids friskkværnet peber

Udblød svampene i lunkent vand i 30 minutter, og dræn derefter. Fjern stilkene og skær hovederne i halve. Damp muslingerne i cirka 5 minutter, indtil de åbner sig; kasser alt, der forbliver lukket. Fjern muslingerne fra skallerne. Kog suppen op og tilsæt svampe, bambusskud, ærter og forårsløg. Kog uden låg i 2 minutter. Tilsæt muslinger, vin eller sherry og peber og lad det simre, indtil det er gennemvarmet.

æggesuppe

Til 4 personer

1,2 l / 2 pt / 5 dl hønsefond

3 sammenpisket æg

45 ml / 3 spsk sojasovs

salt og friskkværnet peber

4 forårsløg (grønløg), skåret i skiver

Kog suppen. Bland de sammenpiskede æg i lidt efter lidt, så de skilles i tråde. Tilsæt sojasovs og smag til med salt og peber. Server pyntet med purløg.

Krabbe og kammusling suppe

Til 4 personer

4 tørrede kinesiske svampe

15 ml / 1 spsk jordnøddeolie.

1 sammenpisket æg

1,5 l / 2½ qt / 6 dl hønsefond

175 g krabber i flager

100 g rensede kammuslinger, skåret i skiver

100 g bambusskud, skåret i skiver

2 forårsløg (grønne løg), hakket

1 skive ingefær, finthakket

nogle kogte og pillede rejer (valgfrit)

45 ml / 3 spsk majsmel (majsstivelse)

90 ml / 6 spiseskefulde vand

30 ml / 2 spsk risvin eller tør sherry

20 ml / 4 teskefulde sojasovs

2 æggehvider

Udblød svampene i lunkent vand i 30 minutter, og dræn derefter. Fjern stilkene, og skær toppen i tynde skiver. Varm olien op, tilsæt ægget og vip panden, så ægget dækker bunden. laver mad sigt, vend og steg på den anden side. Tag af panden, rul sammen og skær i tynde strimler.

Kog suppen, tilsæt svampe, æggestrimler, krabbekød, kammuslinger, bambusskud, spidskål, ingefær og om ønsket rejer. Kog igen. Bland majsstivelsen med 60 ml / 4 spsk vand, vin eller sherry og soja og rør i suppen. Kog ved svag varme under omrøring, indtil suppen tykner. Pisk æggehviderne med det resterende vand til de er stive, og hæld derefter blandingen langsomt i suppen under kraftig omrøring.

krabbesuppe

Til 4 personer

90 ml / 6 spiseskefulde jordnøddeolie.

3 løg hakket

225 g hvidt og brunt krabbekød

1 skive ingefær, finthakket

1,2 l / 2 pt / 5 dl hønsefond

150 ml / ¼ pt / glas risvin eller tør sherry

45 ml / 3 spsk sojasovs

salt og friskkværnet peber

Varm olien op og svits løget, indtil det er blødt, men ikke brunt. Tilsæt krabbekød og ingefær og lad det simre i 5 minutter. Tilsæt bouillon, vin eller sherry og sojasovs, salt og peber. Bring i kog og kog i 5 minutter.

fiske suppe

Til 4 personer

225 g fiskefileter

1 skive ingefær, finthakket

15 ml / 1 spsk risvin eller tør sherry

30 ml / 2 spsk jordnøddeolie (peanuts).

1,5 l / 2½ pt / 6 dl fiskefond

Skær fisken i tynde strimler mod kornet. Bland ingefær, vin eller sherry og olie, tilsæt fisken og bland forsigtigt. Lad marinere i 30 minutter under omrøring af og til. Bring suppen i kog, tilsæt fisken og kog i 3 minutter.

Fiskesuppe og salat

Til 4 personer

225 g hvid fiskefilet

30 ml / 2 spsk mel (til alle formål).

salt og friskkværnet peber

90 ml / 6 spiseskefulde jordnøddeolie.

6 forårsløg (grønne løg), skåret i skiver

100 g hakket salat

1,2 l / 2 pt / 5 kopper vand

10 ml / 2 tsk finthakket ingefærrod

150 ml / ¼ pt / ½ stor kop risvin eller tør sherry

30 ml / 2 spsk majsmel (majsstivelse)

30 ml / 2 spsk hakket frisk persille

10 ml / 2 teskefulde citronsaft

30 ml / 2 spsk sojasovs

Skær fisken i tynde strimler og kom den i krydret mel. Varm olien op og svits spidskålen, til den er blød. Tilsæt salaten og svits i 2 minutter. Tilsæt fisken og kog i 4 minutter. Tilsæt vand, ingefær og vin eller sherry, bring det i kog, læg låg på og kog i 5 minutter. Bland majsstivelsen med lidt vand og tilsæt det til suppen. Kog ved svag varme under omrøring i yderligere 4 minutter, indtil suppen tykner

skyl og smag til med salt og peber. Server drysset med persille, citronsaft og soja.

Ingefærsuppe med frikadeller

Til 4 personer

5 cm/2 stykker ingefær, revet

350 g brun farin

1,5 L / 2½ qt / 7 kopper vand

225 g / 8 oz / 2 kopper rismel

2,5 ml / ½ tsk salt

60 ml / 4 spiseskefulde vand

Kom ingefær, sukker og vand i en gryde og bring det i kog under omrøring. Dæk til og kog i cirka 20 minutter. Dræn suppen og kom den tilbage i gryden.

Kom imens mel og salt i en skål og bland lidt efter lidt med nok vand til at få en tyk blanding. Form kugler og hæld gnocchierne i suppen. Bring suppen i kog igen, læg låg på og kog i yderligere 6 minutter, indtil gnocchierne er kogte.

varm og sur suppe

Til 4 personer

8 tørrede kinesiske svampe

1 l / 1¾ pt / 4¼ kopper kyllingebouillon

100 g kylling, skåret i strimler

100 g bambusskud, skåret i strimler

100 g tofu, skåret i strimler

15 ml / 1 spsk sojasovs

30 ml / 2 spiseskefulde eddike

30 ml / 2 spsk majsmel (majsstivelse)

2 sammenpisket æg

et par dråber sesamolie

Udblød svampene i lunkent vand i 30 minutter, og dræn derefter. Fjern stilkene og skær hætterne i strimler. Kog svampe, suppe, kylling, bambusskud og tofu, læg låg på og kog i 10 minutter. Bland sojasovsen, eddike og majsstivelse til en jævn masse, tilsæt suppen og kog i 2 minutter, indtil suppen er kogt. Rør med en pind, tilsæt gradvist æg og sesamolie. Dæk til og lad stå i 2 minutter før servering.

Svampesuppe

Til 4 personer

15 tørrede kinesiske svampe
1,5 l / 2½ qt / 6 dl hønsefond
5 ml / 1 tsk salt

Udblød svampene i lunkent vand i 30 minutter, dræn dem derefter og lad væsken stå. Fjern stilkene og halver toppene, hvis de er store, og læg dem i en stor varmefast skål. Stil fadet på risten i dampkogeren. Bring suppen i kog, hæld svampene over, læg låg på og kog i 1 time i kogende vand. Smag til med salt og server.

Svampe- og kålsuppe

Til 4 personer

25 g tørre kinesiske svampe
15 ml / 1 spsk jordnøddeolie.
50 g / 2 oz malede kinesiske blade
15 ml / 1 spsk risvin eller tør sherry
15 ml / 1 spsk sojasovs
1,2 l / 2 point / 5 dl kylling eller grøntsagsfond
salt og friskkværnet peber
5 ml / 1 tsk sesamolie

Udblød svampene i lunkent vand i 30 minutter, og dræn derefter. Fjern stilkene og skær toppen af. Varm olien op og steg champignon og kinablade i 2 minutter til de er godt dækket. Afglasér med vin eller sherry og sojasovs, og tilsæt derefter suppen. Bring i kog, krydr med salt og peber og kog i 5 minutter. Dryp med sesamolie inden servering.

Svampeæggesuppe

Til 4 personer

1 l / 1¾ pt / 4¼ kopper kyllingebouillon

30 ml / 2 spsk majsmel (majsstivelse)

100 g champignon, skåret i skiver

1 skive løg, finthakket

en knivspids salt

3 dråber sesamolie

2,5 ml / ½ tsk sojasovs

1 sammenpisket æg

Bland lidt suppe med majsstivelse og bland alle ingredienserne undtagen æggene. Bring i kog, læg låg på og kog i 5 minutter. Tilsæt ægget, rør med en pind for at lave ender af ægget. Fjern fra varmen og lad stå i 2 minutter før servering.

Svampe- og kastanjesuppe med vand

Til 4 personer

1 l / 1¾ pt / 4¼ kopper grøntsagsfond eller vand

2 finthakkede løg

5 ml / 1 tsk risvin eller tør sherry

30 ml / 2 spsk sojasovs

225 g svampe

100 g vandkastanje, skåret i skiver

100 g bambusskud, skåret i skiver

et par dråber sesamolie

Skær 2 salatblade i stykker

2 forårsløg (grønne løg), i tern

Kog vand, løg, vin eller sherry og sojasovs, læg låg på og kog i 10 minutter. Tilsæt svampe, vandkastanjer og bambusskud, læg låg på og lad det simre i 5 minutter. Tilsæt sesamolie, salatblade og forårsløg, tag af varmen, læg låg på og lad stå i 1 minut før servering.

Svinekød og svampesuppe

Til 4 personer

60 ml / 4 spiseskefulde jordnøddeolie (peanuts).

1 fed hvidløg, knust

2 løg, skåret i skiver

225 g magert svinekød skåret i strimler

1 selleri stilk, hakket

50 g champignon i skiver

2 gulerødder, skåret i skiver

1,2 l / 2 pt / 5 dl oksefond

15 ml / 1 spsk sojasovs

salt og friskkværnet peber

15 ml / 1 spsk majsmel (majsstivelse)

Varm olien op og svits hvidløg, løg og svinekød, indtil løget er blødt og let brunet. Tilsæt selleri, champignon og gulerødder, læg låg på og lad det simre i 10 minutter. Bring suppen i kog, og kom den derefter i gryden med sojasovs og smag til med salt og peber. Bland majsstivelsen med lidt vand, hæld det derefter i gryden og lad det simre under omrøring i cirka 5 minutter.

Svinekød og brøndkarse suppe

Til 4 personer

1,5 l / 2½ qt / 6 dl hønsefond
100 g magert svinekød skåret i strimler
3 selleristængler, skåret diagonalt
2 forårsløg (grønne løg), skåret i skiver
1 bundt brøndkarse
5 ml / 1 tsk salt

Kog suppen, tilsæt svinekød og selleri, læg låg på og kog i 15 minutter. Tilsæt forårsløg, brøndkarse og salt og lad det simre uden låg i cirka 4 minutter.

Svinekød og agurkesuppe

Til 4 personer

100 g magert svinekød, skåret i tynde skiver
5 ml / 1 tsk majsmel (majsstivelse)
15 ml / 1 spsk sojasovs
15 ml / 1 spsk risvin eller tør sherry
1 agurk
1,5 l / 2½ qt / 6 dl hønsefond
5 ml / 1 tsk salt

Bland svinekød, majsstivelse, sojasovs og vin eller sherry. Rør for at dække svinekødet. Skræl agurken og halver den på langs og fjern kernerne. Skær i tykkere skiver. Kog suppen, tilsæt svinekødet, læg låg på og kog i 10 minutter. Tilsæt agurken og svits i et par minutter, indtil den er gennemsigtig. Tilsæt salt og tilsæt eventuelt lidt mere soja.

Suppe med kødnudler

Til 4 personer

50 g risnudler

225 g hakket svinekød (malet).

5 ml / 1 tsk majsmel (majsstivelse)

2,5 ml / ½ tsk salt

30 ml / 2 spsk vand

1,5 l / 2½ qt / 6 dl hønsefond

1 forårsløg (grønløg), finthakket

5 ml / 1 tsk sojasovs

Læg nudlerne i blød i koldt vand, mens frikadellerne tilberedes. Bland svinekød, majsstivelse, lidt salt og vand og form kugler på størrelse med valnødder. Kog vand, tilsæt hakkede svinekødskugler, læg låg på og kog i 5 minutter. Dræn godt af og afdryp nudlerne. Bring suppen i kog, tilsæt svineboller og nudler, læg låg på og kog i 5 minutter. Tilsæt forårsløg, sojasovs og det resterende salt og svits i yderligere 2 minutter.

Spinat og tofu suppe

Til 4 personer

1,2 l / 2 pt / 5 dl hønsefond

200 g dåsetomater, drænet og hakket

225 g tofu i tern

225 g hakket spinat

30 ml / 2 spsk sojasovs

5 ml / 1 ske. brunt sukker

salt og friskkværnet peber

Bring suppen i kog, tilsæt derefter tomater, tofu og spinat og bland forsigtigt. Bring i kog igen og kog i 5 minutter. Tilsæt soja og sukker og smag til med salt og peber. Lad det simre i 1 minut inden servering.

Suppe med sukkermajs og krabbe

Til 4 personer

1,2 l / 2 pt / 5 dl hønsefond

200 g sukkermajs

salt og friskkværnet peber

1 sammenpisket æg

200 g krabbekød, i strimler

3 skalotteløg, hakket

Bring suppen i kog, tilsæt majs og smag til med salt og peber. Kog ved svag varme i 5 minutter. Lige inden servering knækker du æggene med en gaffel og blander dem i suppen. Server drysset med krabbekød og hakkede skalotteløg.

Szechuan suppe

Til 4 personer

4 tørrede kinesiske svampe

1,5 l / 2½ qt / 6 dl hønsefond

75 ml / 5 spsk tør hvidvin

15 ml / 1 spsk sojasovs

2,5 ml / ½ tsk varm sauce

30 ml / 2 spsk majsmel (majsstivelse)

60 ml / 4 spiseskefulde vand

100 g magert svinekød skåret i strimler

50 g kogt skinke skåret i strimler

1 rød peberfrugt, skåret i strimler

50 g vandkastanjer, skåret i skiver

10 ml / 2 teskefulde eddike

5 ml / 1 tsk sesamolie

1 sammenpisket æg

100 g pillede rejer

6 forårsløg (grønne løg), hakket

175 g tofu, skåret i tern

Udblød svampene i lunkent vand i 30 minutter, og dræn derefter. Fjern stilkene og skær toppen af. Medbring suppe, vin, soja sauce og chilisauce, bring det i kog, læg låg på og kog i 5 minutter. Bland majsstivelsen med halvdelen af vandet og tilsæt suppen under omrøring, indtil den tykner. Tilsæt svampe, svinekød, skinke, peber og vandkastanjer og lad det simre i 5 minutter. Bland eddike og sesamolie. Pisk ægget sammen med det resterende vand og hæld det i suppen under kraftig omrøring. Tilsæt rejer, spidskål og tofu og svits i et par minutter til gennemvarmning.

tofu suppe

Til 4 personer

1,5 l / 2½ qt / 6 dl hønsefond

225 g tofu i tern

5 ml / 1 tsk salt

5 ml / 1 tsk sojasovs

Kog suppen op og tilsæt tofu, salt og sojasovs. Lad det simre et par minutter, indtil tofuen er gennemvarmet.

Fisk og tofu suppe

Til 4 personer

225 g hvid fiskefilet, skåret i strimler

150 ml / ¼ pt / ½ stor kop risvin eller tør sherry

10 ml / 2 tsk finthakket ingefærrod

45 ml / 3 spsk sojasovs

2,5 ml / ½ tsk salt

60 ml / 4 spiseskefulde jordnøddeolie (peanuts).

2 løg hakket

100 g champignon, skåret i skiver

1,2 l / 2 pt / 5 dl hønsefond

100 g tofu, skåret i tern

salt og friskkværnet peber

Læg fisken i en skål. Bland vin eller sherry, ingefær, soja og salt og hæld over fisken. Lad marinere i 30 minutter. Varm olien op og svits løget i 2 minutter. Tilsæt svampene og fortsæt med at sautere indtil løgene er bløde, men ikke brune. Tilsæt fisken og marinaden, bring det i kog, læg låg på og kog i 5 minutter. Tilsæt suppen, bring det i kog, læg låg på og kog i 15 minutter. Tilsæt tofu og smag til med salt og peber. Kog indtil tofuen er kogt.

Tomatsuppe

Til 4 personer

400 g dåsetomater, drænet og hakket

1,2 l / 2 pt / 5 dl hønsefond

1 skive ingefær, finthakket

15 ml / 1 spsk sojasovs

15 ml / 1 spsk chilisauce

10 ml / 2 teskefulde sukker

Kom alle ingredienserne i en gryde og bring det i kog under omrøring af og til. Kog i cirka 10 minutter før servering.

Tomat og spinatsuppe

Til 4 personer

1,2 l / 2 pt / 5 dl hønsefond

225 g dåsetomater på dåse

225 g tofu i tern

225 g spinat

30 ml / 2 spsk sojasovs

salt og friskkværnet peber

2,5 ml / ½ tsk sukker

2,5 ml / ½ tsk risvin eller tør sherry

Bring suppen i kog, tilsæt derefter tomater, tofu og spinat og kog i 2 minutter. Tilsæt de øvrige ingredienser og lad det simre i 2 minutter, bland derefter godt og server.

roe suppe

Til 4 personer

1 l / 1¾ pt / 4¼ kopper kyllingebouillon

1 stor majroe, skåret i tynde skiver

200 g magert svinekød, skåret i tynde skiver

15 ml / 1 spsk sojasovs

60 ml / 4 skeer cognac

salt og friskkværnet peber

4 skalotteløg, finthakket

Bring suppen i kog, tilsæt majroe og svinekød, læg låg på og kog i 20 minutter, indtil majroen er blød og kødet er gennemstegt. Bland sojasauce og brandykrydderi efter smag. Kog til de er gennemvarme og server drysset med skalotteløg.

Suppe

Til 4 personer

6 tørrede kinesiske svampe

1 l / 1¾ pt / 4¼ kopper grøntsagsfond

50 g bambusskud, skåret i strimler

50 g vandkastanjer, skåret i skiver

8 ærter skåret i skiver

5 ml / 1 tsk sojasovs

Udblød svampene i lunkent vand i 30 minutter, og dræn derefter. Fjern stilkene og skær hætterne i strimler. Tilsæt dem til suppen med bambusskud og vandkastanjer og bring dem i kog, læg låg på og kog i 10 minutter. Tilsæt ærter og sojasovs, læg låg på og lad det simre i 2 minutter. Lad stå i 2 minutter før servering.

vegetarsuppe

Til 4 personer

¼ *kål*

2 gulerødder

3 stilke selleri

2 forårsløg (løg)

30 ml / 2 spsk jordnøddeolie (peanuts).

1,5 l / 2½ qt / 6 kopper vand

15 ml / 1 spsk sojasovs

15 ml / 1 spsk risvin eller tør sherry

5 ml / 1 tsk salt

friskkværnet peber

Skær grøntsagerne i strimler. Varm olien op og steg grøntsagerne i 2 minutter, indtil de begynder at blive bløde. Tilsæt de øvrige ingredienser, bring det i kog, læg låg på og kog i 15 minutter.

brøndkarse suppe

Til 4 personer

1 l / 1¾ pt / 4¼ kopper kyllingebouillon
1 løg finthakket
1 bladselleri, finthakket
225 g grofthakket brøndkarse
salt og friskkværnet peber

Kog suppen, løg og selleri, læg låg på og kog i 15 minutter. Tilsæt brøndkarse, læg låg på og lad det simre i 5 minutter. Tilsæt salt og peber.

Stegt fisk med grøntsager

Til 4 personer

4 tørrede kinesiske svampe

4 hele fisk, renset og uden skæl

olie til stegning

30 ml / 2 spsk majsmel (majsstivelse)

45 ml / 3 spiseskefulde jordnøddeolie.

100 g bambusskud, skåret i strimler

50 g vandkastanje skåret i strimler

50 g hakket kinakål

2 skiver hakket ingefær

30 ml / 2 spsk risvin eller tør sherry

30 ml / 2 spsk vand

15 ml / 1 spsk sojasovs

5 ml / 1 tsk sukker

120 ml / 4 fl oz / ¬Ω kop fiskefond

salt og friskkværnet peber

¬Ω salathoved, revet

15 ml / 1 spsk hakket persilleblade

Udblød svampene i lunkent vand i 30 minutter, og dræn derefter. Fjern stilkene og skær toppen af. Drys fisken i midten majsmel og ryst det overskydende af. Varm olien op og steg fisken i cirka 12 minutter, til den er gennemstegt. Afdryp på sugende papir og hold varmt.

Varm olien op og steg champignon, bambusskud, vandkastanjer og hvidkål i 3 minutter. Tilsæt ingefær, vin eller sherry, 15 ml / 1 spsk vand, soja og sukker og lad det simre i 1 minut. Tilsæt bouillon, salt og peber, bring det i kog, læg låg på og kog i 3 minutter. Bland majsstivelsen med det resterende vand, hæld i gryden og lad det simre under omrøring, indtil saucen tykner. Læg salaten på et serveringsfad og læg fisken herpå. Hæld grøntsager og sauce over og server pyntet med persille.

Bagt hel fisk

Til 4 personer

1 stor havbars eller lignende fisk
45 ml / 3 spsk majsmel (majsstivelse)
45 ml / 3 spiseskefulde jordnøddeolie.
1 hakket løg
2 fed hvidløg, hakket
50 g skinke skåret i strimler
100 g pillede rejer
15 ml / 1 spsk sojasovs
15 ml / 1 spsk risvin eller tør sherry
5 ml / 1 tsk sukker
5 ml / 1 tsk salt

Dæk fisken med majsstivelse. Varm olien op og svits løg og hvidløg til de er gyldenbrune. Tilsæt fisken og steg den gyldenbrun på begge sider. Læg fisken på en plade alufolie i et ovnfad og læg skinke og rejer ovenpå. Tilsæt sojasovs, vin eller sherry, sukker og salt i gryden og bland godt. Hæld over fisken, luk folien og bag i en forvarmet ovn ved 150 ¬∞C / 300 ¬∞F / termostat 2 i 20 minutter.

Stuvet sojafisk

Til 4 personer

1 stor havbars eller lignende fisk

Salt

50 g / 2 oz / ¬Ω kop universalmel.

60 ml / 4 spiseskefulde jordnøddeolie (peanuts).

3 skiver hakket ingefærrod

3 forårsløg (spidskål), hakket

250 ml / 8 fluid ounces / 1 kop vand

45 ml / 3 spsk sojasovs

15 ml / 1 spsk risvin eller tør sherry

2,5 ml/¬Ω teskefuld sukker

Rens fisken fra skæl og lav diagonale snit på begge sider. Drys med salt og lad det stå i 10 minutter. Varm olien op og steg fisken gyldenbrun på begge sider, vend én gang og dryp med olie, mens den steger. Tilsæt ingefær, forårsløg, vand, sojasovs, vin eller sherry og sukker, bring det i kog, læg låg på og kog i 20 minutter, indtil fisken er kogt. Serveres varm eller kold.

Sojafisk i østerssauce

Til 4 personer

1 stor havbars eller lignende fisk

Salt

60 ml / 4 spiseskefulde jordnøddeolie (peanuts).

3 forårsløg (spidskål), hakket

2 skiver hakket ingefær

1 fed hvidløg, knust

45 ml / 3 spiseskefulde østerssauce

30 ml / 2 spsk sojasovs

5 ml / 1 tsk sukker

250 ml / 8 fl oz / 1 kop fiskefond

Rens fisken og pil skællen af og marker flere gange diagonalt på hver side. Drys med salt og lad det stå i 10 minutter. Varm det meste af olien op og steg guldfiskene på begge sider, vend én gang. I løbet af denne tid opvarmes resten af olien i en separat gryde og forårsløg, ingefær og hvidløg sauteres til de er gyldenbrune. Tilsæt østerssauce, soja og sukker og lad det simre i 1 minut. Tilsæt bouillon og lad det koge ind. Hæld blandingen i brasenen, bring det i kog, læg låg på og kog i ca.

15 minutter til fisken er tilberedt, vend den en eller to gange under tilberedningen.

dampet havaborre

Til 4 personer

1 stor havbars eller lignende fisk

2,25 l / 4 stykker / 10 glas vand

3 skiver hakket ingefærrod

15 ml / 1 spsk salt

15 ml / 1 spsk risvin eller tør sherry

30 ml / 2 spsk jordnøddeolie (peanuts).

Rens fisken og fjern skæl og lav flere diagonale snit på begge sider. Kog vand i en stor gryde og tilsæt resten af ingredienserne. Dyp fisken i vand, dæk tæt, sluk for varmen og lad den stå i 30 minutter til fisken er kogt.

Stuvet fisk med svampe

Til 4 personer

4 tørrede kinesiske svampe

1 stor karpe eller lignende fisk

Salt

45 ml / 3 spiseskefulde jordnøddeolie.

2 forårsløg (grønne løg), hakket

1 skive ingefær, finthakket

3 fed hvidløg, hakket

100 g bambusskud, skåret i strimler

250 ml / 8 fl oz / 1 kop fiskefond

30 ml / 2 spsk sojasovs

15 ml / 1 spsk risvin eller tør sherry

2,5 ml/¬Ω teskefuld sukker

Udblød svampene i lunkent vand i 30 minutter, og dræn derefter. Fjern stilkene og skær toppen af. Skær fisken flere gange diagonalt på begge sider, drys med salt og lad den stå i 10 minutter. Varm olien op og steg guldfiskene på begge sider. Tilsæt forårsløg, ingefær og hvidløg og svits i 2 minutter. Tilsæt andre ingredienser, kog op, læg låg på og lad det simre i 15 minutter, indtil fisken er gennemstegt, vend en eller to gange, og rør af og til.

sød og sur fisk

Til 4 personer

1 stor havbars eller lignende fisk

1 sammenpisket æg

50 g majsmel (majsstivelse)

olie til stegning

Til saucen:

15 ml / 1 spsk jordnøddeolie.

1 grøn peberfrugt, skåret i strimler

100 g dåse ananas i sirup

1 løg i kvarte

100 g / 4 oz / ¬Ω kop brun farin

60 ml / 4 spsk hønsefond

60 ml / 4 spiseskefulde eddike

15 ml / 1 spiseskefuld tomatpure (pasta)

15 ml / 1 spsk majsmel (majsstivelse)

15 ml / 1 spsk sojasovs

3 forårsløg (spidskål), hakket

Rens fisken og fjern eventuelt finner og hoved. Bland det i det sammenpiskede æg og derefter i majsstivelsen. Varm olien op og steg fisken til den er gennemstegt. Dræn godt af og hold varmen.

Til saucen varmes olien op og peberfrugt, afdryppet ananas og løg sauteres i 4 minutter. Tilsæt 30 ml / 2 spsk ananassirup, sukker, bouillon, eddike, tomatpuré, majsstivelse og sojasauce og bring det i kog under omrøring. Kog ved svag varme under omrøring, indtil saucen bliver klar og tykner. Hæld over fisken og server drysset med forårsløg.

Fyldt svinefisk

Til 4 personer

1 stor karpe eller lignende fisk

Salt

100 g hakket svinekød (malet).

1 forårsløg (grønløg), hakket

4 skiver hakket ingefærrod

15 ml / 1 spsk majsmel (majsstivelse)

60 ml / 4 spsk sojasovs

15 ml / 1 spsk risvin eller tør sherry

5 ml / 1 tsk sukker

75 ml / 5 spiseskefulde jordnøddeolie.

2 fed hvidløg, hakket

1 løg, skåret i skiver

300 ml / ¬Ω pt / 1¬° kop vand

Rens fisken fra skæl og drys med salt. Bland svinekød, spidskål, lidt ingefær, majsstivelse, 15 ml/1 spsk sojasovs, vin eller sherry og sukker og brug til at fylde fisken. Varm olien op og steg fisken gyldenbrun på begge sider, tag den derefter af panden og dræn det meste af olien. Tilsæt resten af hvidløget og ingefæren og svits det gyldenbrunt.

Tilsæt resten af sojasovsen og vand, bring det i kog og kog i 2 minutter. Kom fisken tilbage i gryden, læg låg på, og lad den simre, indtil fisken er gennemstegt, cirka 30 minutter, vend en eller to gange.

Braiseret krydret karper

Til 4 personer

1 stor karpe eller lignende fisk
150 ml / ¬° pt / stor kop ¬Ω jordnøddeolie.
15 ml / 1 spsk sukker
2 fed hvidløg, finthakket
100 g bambusskud, skåret i skiver
150 ml / ¬° pt / god ¬Ω kop fiskefond
15 ml / 1 spsk risvin eller tør sherry
15 ml / 1 spsk sojasovs
2 forårsløg (grønne løg), hakket
1 skive ingefær, finthakket
15 ml / 1 spsk saltet vineddike

Rens fisken og fjern skæl og læg den i blød i koldt vand i flere timer. Dræn og dup tør, og skær derefter hver side flere gange. Varm olien op og steg fisken på begge sider, indtil den stivner. Fjern fra gryden og hæld i og reserver alle undtagen 2 spsk/30 ml af olien. Tilsæt sukker i gryden og rør til det bliver sort. Tilsæt hvidløg og bambusskud og bland godt. Tilsæt de øvrige ingredienser, bring det i kog, og kom derefter fisken tilbage i gryden, læg låg på og lad det simre i cirka 15 minutter, indtil fisken er kogt.

Læg fisken i et varmt fad og hæld saucen over.